Repères

L'histoire de France

Gérard Labrune

Philippe Toutain

Mis à jour en mars 2006

Nathan

Chronologie

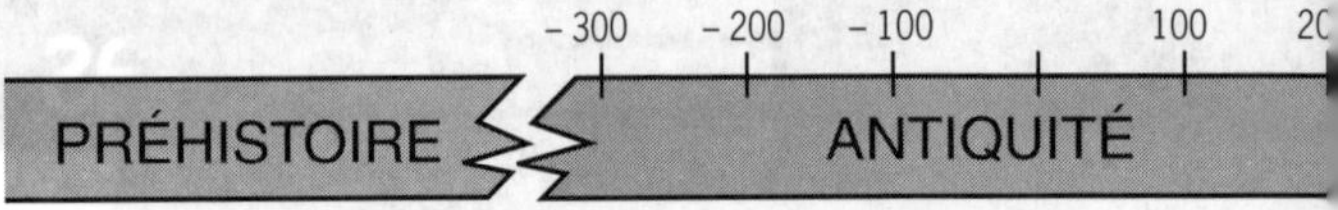

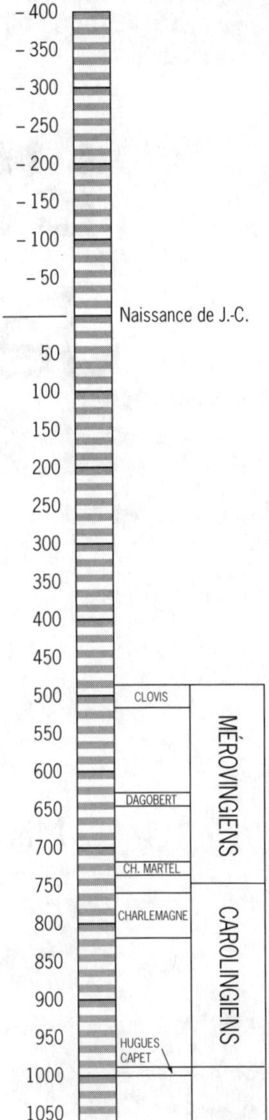

ISBN 2-09-183098-4

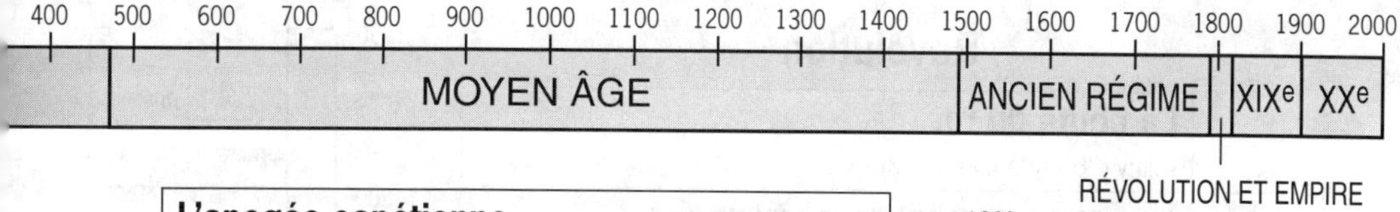

Ancien Régime

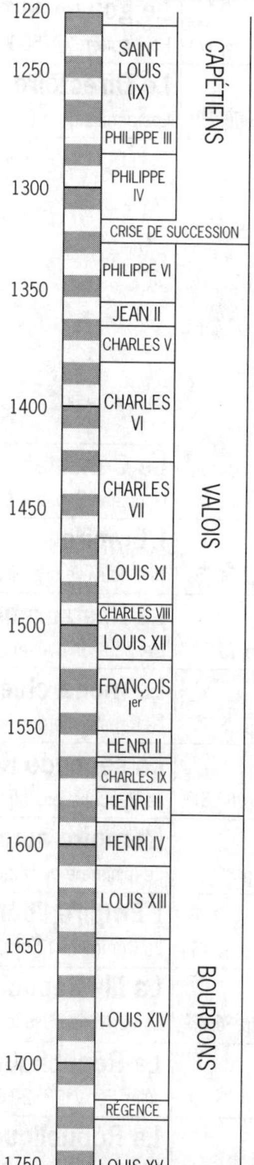

Révolution

XIXe siècle

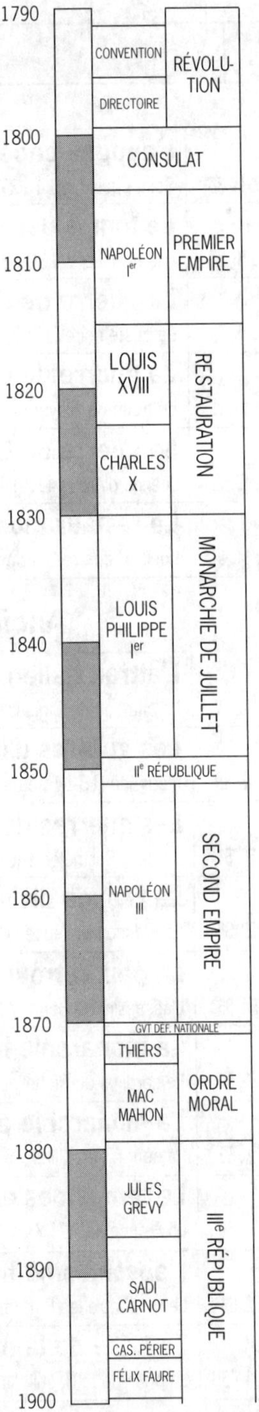

XXe siècle

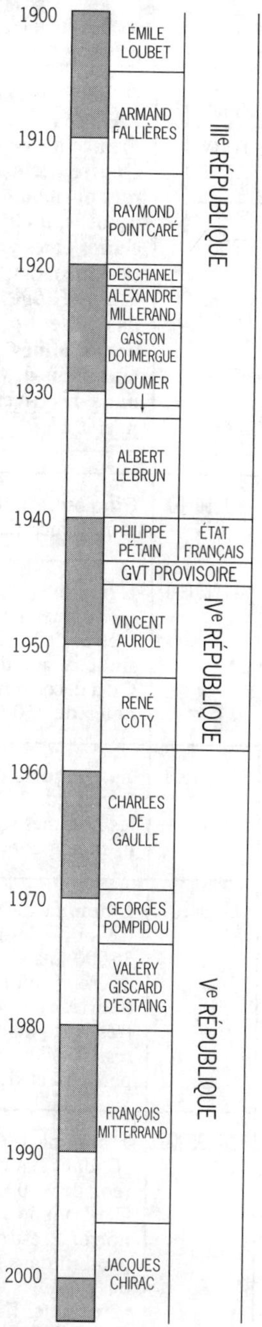

1900
ÉMILE LOUBET
ARMAND FALLIÈRES
1910
RAYMOND POINTCARÉ
1920
DESCHANEL
ALEXANDRE MILLERAND
GASTON DOUMERGUE
DOUMER
1930
ALBERT LEBRUN
IIIe RÉPUBLIQUE
1940
PHILIPPE PÉTAIN
ÉTAT FRANÇAIS
GVT PROVISOIRE
VINCENT AURIOL
1950
RENÉ COTY
IVe RÉPUBLIQUE
1960
CHARLES DE GAULLE
1970
GEORGES POMPIDOU
VALÉRY GISCARD D'ESTAING
1980
FRANÇOIS MITTERRAND
1990
JACQUES CHIRAC
2000
Ve RÉPUBLIQUE

Le temps des chasseurs

La Terre s'est formée il y a 4 à 5 milliards d'années et la vie y serait apparue il y a 3 milliards d'années. L'homme apparaît sur le sol de l'actuelle France au cours de l'ère quaternaire, commencée il y a 2 millions d'années. Quatre périodes de glaciations alternent alors avec de longues phases tempérées ou chaudes. Dans la steppe• sans arbre des périodes froides vivent les mammouths, les bisons, les rhinocéros laineux, les ours et les rennes ; dans les forêts claires et les prairies herbeuses des périodes plus chaudes vivent de grands bœufs (les aurochs), les bisons, les rennes et les chevaux. Les hommes de l'âge paléolithique (âge de la pierre ancienne) vivent de la chasse et de la cueillette ; ils utilisent progressivement, mais cette évolution couvre des dizaines de milliers d'années, des armes et des outils en pierre éclatée puis taillée ; ils travaillent les os des animaux morts ; ils domestiquent peu à peu le feu ; ils s'abritent dans des cavernes sur les parois desquelles ils développent un remarquable art pariétal•.

-1800000	Cinq outils taillés sur des galets de quartz trouvés à Chillac (Haute-Loire) attestent la présence dans ce lieu de l'Homo erectus (ayant la position verticale).
-1000000	L'homme (Homo erectus) crée le biface. D'abord simple galet de pierre grossièrement aménagé sur les deux faces, le biface a généralement une douzaine de centimètres de longueur, la forme d'une amande et présente sur les bords un tranchant sinueux que des retouches rendent peu à peu rectiligne. On a découvert en 1971 à Tautavel (Pyrénées-Orientales) de nombreux restes humains datés de 450 000 ans av. J.-C..
-400000	**La conquête du feu.** Le site de Terra Amata près de Nice révèle les plus anciens foyers construits d'Europe. Mais aucun vestige ne peut nous apprendre comment les hommes sont passés de l'observation du feu à son utilisation pour eux-mêmes, ni même comment ils le produisaient.
-100000	**L'homme de Néandertal** (de la vallée de la Néander en Allemagne) (Homo sapiens). Ce nom désigne un groupe d'hommes particuliers qui vécut entre 100000 et 35000 ans av. J.-C. En France, un tel squelette a été retrouvé en 1908 dans la première sépulture humaine connue datée de – 40000 ans, à la Chapelle-aux-Saints (Corrèze). Cet homme a une petite stature, 1,55 m, mais il est très robuste. Sa tête très volumineuse présente un énorme bourrelet osseux continu au-dessus des orbites. Il délaisse un peu le biface, travaille les éclats• rocheux et produit alors des perçoirs et des racloirs.
-35000	**L'homme de Cro-Magnon** (Homo sapiens). Ce nom désigne les restes humains trouvés dans l'abri de Cro-Magnon aux Eyzies (Dordogne) et les populations qui vécurent de 35000 à 10000 av. J.-C. Cet homme a une taille supérieure à 1,75 m. Sa forme crânienne est proche de la nôtre. Il est capable de dégager dans le silex de véritables lames tranchantes. Il produit dans les os d'animaux des harpons, des sagaies, des propulseurs• et même des aiguilles à chas qui permettent un ajustement étroit des peaux qui servent de vêtements. Il développe les premières formes d'art : la sculpture souvent de petite dimension, la peinture dont la grotte de Lascaux offre un exemple mondialement connu.

LASCAUX, 15000 avant J.-C.

■ Une découverte accidentelle

Le 12 septembre 1940, quatre enfants jouent sur le plateau boisé dominant la Vézère, à 2 km de Montignac en Dordogne. L'un d'eux voit son chien disparaître dans un trou étroit révélé par la chute d'un pin foudroyé. Ils se glissent dans l'ouverture et accèdent à une galerie qu'ils reviennent explorer le lendemain, équipés de lanternes. Alerté, l'abbé Breuil, grand spécialiste des grottes ornées, arrive à Montignac le 21 septembre. Le 27, Lascaux est classé monument historique. La grotte s'ordonne de façon complexe. Salles et corridors s'y succèdent sur plus de 120 m en plan, tandis qu'elle se développe de façon très accidentée avec des déclivités importantes et même des puits verticaux.

■ Un bestiaire abondant

Sur les parois de la grotte, des peintures polychromes datées de 15000 av. J.-C. offrent à la vue un vaste ensemble de figures animales en perspective tordue•. Dans la grande salle, quatre taureaux dont le plus grand est long de 5,50 m. Plus loin, des vaches rouges à 4 m de hauteur. Dans une autre salle, plus de 300 chevaux... Dans l'entrée figure un animal fantastique, une licorne, mais la corne pourrait faire partie d'un autre animal effacé. Au fond d'un puits se présente une curieuse scène : devant un bison blessé qui perd ses entrailles, un homme filiforme, bras en croix, doigts écartés, gît sur le sol. Un long trait, une lance (?) barre l'arrière-train de l'animal ; près de l'homme un trait se termine par un oiseau.

■ Un sanctuaire mystérieux

L'énigme de la réalisation des fresques est résolue par la trouvaille de nombreux vestiges dans la grotte. C'est à la lumière de lampes alimentées par du suif et une mèche végétale que les hommes de Lascaux ont appliqué sur les parois des couleurs variées d'origines minérales. Selon certains préhistoriens, cet art pariétal• fait appel à la magie de la chasse. C'est un envoûtement à distance du gibier avant une expédition. Pourquoi alors avoir peint ces fresques au fond de grottes d'accès difficile ? Pourquoi le renne est-il si peu représenté sur les parois alors que ses os abondent dans la grotte ? Pour d'autres, une certaine répartition préférentielle des figures selon la topographie des cavernes révèle une organisation réfléchie, une symbolique dont le sens nous échappe encore.

☛ Fermée en 1963 à cause du « mal vert » (une prolifération d'algues, due au passage de milliers de visiteurs), Lascaux a été reconstituée partiellement, dans un site voisin, en grandeur nature.

Lascaux, c'est la représentation d'un univers dominé par la présence des bêtes qui peuvent donner la mort mais aussi apporter la vie puisque le chasseur paléolithique en tire tout ce dont il a besoin : viande, os, cuir, fourrure. Lascaux, c'est aussi la manifestation du premier grand art de l'humanité.

Détail d'une fresque de Lascaux

Les premiers cultivateurs

Vers 10000 ans av. J.-C. la Terre se réchauffe. Le renne et le mammouth disparaissent de l'Hexagone au profit du cerf, du sanglier et de la marmotte. Le bouleau et le noisetier se multiplient. C'est une période transitoire appelée mésolithique (âge moyen de la pierre). L'arc accroît l'efficacité de la chasse. Au Ve millénaire av. J.-C., la révolution néolithique, c'est-à-dire la domestication des plantes et des animaux, originaire du Moyen-Orient introduit en Occident des techniques nouvelles. Plus que l'utilisation de la pierre polie (néolithique = âge de la pierre nouvelle), la domestication des animaux, la pratique d'une agriculture, et l'utilisation de la poterie changent le destin de l'homme : attendant que la semence qu'il a enfouie produise, l'homme devient sédentaire. Les sociétés se structurent. Au-delà du fonds commun qui les rapproche, des civilisations néolithiques s'individualisent ; parmi elles, la civilisation des mégalithes (du grec : grosse pierre). Le travail du cuivre (– 2300) et du bronze (– 1800) met fin à l'âge de la pierre.

– 4650	**La première culture.** A Courthézon (Vaucluse) un groupement de cabanes a révélé les preuves d'une culture céréalière, sans qu'il soit possible de savoir comment est née cette culture.
Ve millénaire av. J.-C.	**Les civilisations de la révolution néolithique.** La civilisation cardiale, ainsi nommée à cause du décor des poteries imprimé à l'aide d'un coquillage, le coque ou cardium, se développe dans le sud-est de la France. Elle connaît le polissage des haches de pierre, les céréales, l'élevage du bœuf et du mouton. La civilisation danubienne (du Danube) a pénétré plus au nord. Elle pratique l'agriculture sur un sol enrichi par les cendres des broussailles brûlées sur place après déboisement. Ces cultivateurs élèvent des bœufs, des porcs, vivent dans de grandes maisons rectangulaires en bois et ornent leurs poteries de motifs continus en rubans. La civilisation mégalithique, en Bretagne et dans le sud-ouest de la France, se singularise par l'utilisation de pierres de grande taille pour construire des monuments, de vastes sépultures collectives recouvertes de tables de pierre, les dolmens, souvent enfouis, à l'origine, sous un tumulus•.
– 4000	Un filon rocheux à Plussulien (Bretagne) va fournir en 1500 ans 6000000 de haches de pierre polie au tranchant plus efficace et moins fragile qu'un tranchant taillé. Dans un rayon de 100 km, 40 % des haches découvertes viennent du filon. Quatre d'entre elles ont même été retrouvées en Angleterre.
– 3600	La civilisation chasséenne, née à Chassey (Saône-et-Loire) vers 3000, domine. Des villages s'établissent à proximité d'une rivière, de terres fertiles, sur des sites naturellement défensifs que leurs habitants protègent encore par des fossés, montrant ainsi qu'ils redoutent des agresseurs.
– 2500	**Les premiers objets métalliques.** D'abord cantonnée au sud du Massif central, l'industrie du cuivre, venue d'Orient, s'étend peu à peu. Les armes en cuivre sont très appréciées mais l'outillage de pierre n'est pas abandonné. L'alliage du cuivre avec l'étain donne naissance au bronze, dur comme l'acier, mais plus facile à couler que le seul cuivre.

CARNAC, vers 3500 avant J.-C.

■ 2934 menhirs alignés sur 4 km

Les alignements de Carnac (Morbihan) s'étendent sur 4 km et sont constitués par trois ensembles qui regroupent 2934 menhirs d'une hauteur de 0,5 m à 6,40 m. Orientées d'est en ouest, les files, dont le nombre varie de 10 à 13, ne sont pas exactement parallèles. Les ensembles de Ménec et de Kerlescan sont précédés de pierres dressées dessinant un demi-cercle, un cromlech. Un dolmen précède l'ensemble de Kermario, situé à 240 m à l'est du premier, à 390 m à l'ouest du second. Certains menhirs ont été relevés au XIXe siècle, mais les alignements ont longtemps servi de carrière de pierres et l'on a la certitude que les menhirs étaient plus nombreux à l'origine et que les alignements de Carnac s'étendaient sur 8 km.

■ La mise en place des pierres

La tradition populaire bretonne explique les alignements par une légende répandue au Ve siècle par des moines irlandais. Le pape Cornely, chassé de Rome, arrive à Carnac poursuivi par des soldats païens. Acculé à la mer, il jette une grande imprécation : tous ses poursuivants se transforment en pierres... Certaines pèsent jusqu'à 30 tonnes ! Une expérience menée à Bougon (Deux-Sèvres) en juillet 1979 a montré que de tels blocs pouvaient être maniés à bras, à condition de réunir le nombre d'individus nécessaires : 200 hommes ont déplace à l'aide de cordages de lin une dalle de 32 tonnes sur des rouleaux de chêne. Puis, à l'aide de trois grands leviers de bois placés sur le petit côté, ils ont pu, en une seule fois, élever le bloc de 50 cm.

■ Des observatoires astronomiques ?

Si l'on sait que les dolmens étaient des tombeaux, la fonction des autres monuments mégalithiques reste encore mystérieuse. Certains ont vu dans Carnac des repères astronomiques : les alignements de Kermario seraient orientés sur le lever du soleil au solstice d'été, ceux de Kerlescan jalonneraient la ligne des équinoxes. D'autres ont relevé que les cromlechs semi-circulaires seraient ovoïdes et que leur construction obéirait à une triangulation basée sur un rapport pythagoricien. En fait, toute construction permet de trouver une orientation privilégiée, un système géométrique déterminé. La vérité oblige à dire que l'on ignore encore les motivations qui ont conduit à la construction de ces alignements. Une certitude existe cependant : leur construction commence au milieu du IVe millénaire av. J.-C.

☛ Mondialement connus, longtemps objet de cultes païens, les alignements de Carnac conservent leur mystère. Remarquable ensemble mégalithique dans une France qui compte encore aujourd'hui sur son sol 4500 dolmens et 6000 menhirs, ils témoignent de l'existence au IVe millénaire av. J.-C. d'une société importante et organisée, indispensable à leur édification.

Alignements de Carnac

PRÉHISTOIRE
ANTIQUITÉ
MOYEN ÂGE
ANCIEN RÉGIME
RÉVOLUTION
XIXe SIÈCLE
XXe SIÈCLE

La Gaule celtique

Venus de l'est européen, les Celtes pénètrent dans l'Hexagone au IXe siècle av. J.-C. Leur apparition coïncide avec celle du fer. Les Celtes nouent d'importants contacts commerciaux avec les peuples méditerranéens, notamment avec les Grecs qui s'installent dans le sud du pays. Au moment de leur apogée, au IVe siècle, les Celtes occupent un immense territoire qui s'étend de l'océan Atlantique à la mer Noire. Leur extension est stoppée au IIIe siècle av. J.-C. par les Romains. Au IIe siècle (après J.-C.), l'Irlande reste le seul vestige de l'empire celte. Dans les territoires qu'ils dominent, du Rhin aux Pyrénées et à la Provence, les Celtes de Gaule sont devenus des Gaulois.

– 1200 AV. J.-C.	**Les champs d'urnes.** Une nouvelle civilisation pénètre à l'est de l'Hexagone jusqu'à la Nièvre et l'Allier. Ces nouveaux venus brûlent leurs morts, recueillent les cendres dans des urnes funéraires qu'ils enterrent.
– 900	**L'éveil de l'Occident celtique.** Au IXe siècle arrive de l'est européen une grande vague de cavaliers celtiques porteurs des secrets de fabrication du fer qu'ils tiennent de la civilisation de Hallstatt en Autriche. La connaissance des procédés d'utilisation des minerais de fer, plus répandus que les minerais de cuivre ou d'étain, permet aux Celtes de fabriquer partout, de leurs propres mains, leurs outils et leurs armes.
– 620	Des Grecs venus de Phocée (Asie mineure) fondent Marseille, installent des comptoirs à Nice, Antibes, Agde et Arles.
– 500	**Le vase de Vix** (Côte-d'Or). Au cœur d'un tumulus intact daté d'environ 500 ans av. J.-C. reposait une princesse morte à l'âge de 33 ou 35 ans. Elle était parée d'un diadème d'or d'origine gréco-scythique• pesant 480 grammes. La tombe contenait aussi l'un des plus beaux vases grecs de l'Antiquité : en bronze, haut de 1,65 m, il pèse 209 kg. La richesse de la sépulture, l'origine du vase sont la preuve de l'activité commerciale importante qui s'est développée au VIe siècle entre Grecs et Celtes.
– 450	**L'époque de la Tène.** Aux Ve et IVe siècles, deux invasions de Celtes venus d'Allemagne progressent vers l'Italie et la plaine du Pô. Dès lors, la Gaule est sous la domination de ceux que les Grecs appellent indifféremment Celtes ou Galates, que les Romains appelleront « Galli » ou Gaulois… Ce deuxième âge du fer voit se développer en Gaule l'exploitation des premières mines.
– 390	Les Gaulois installés dans la plaine du Pô descendent sur Rome qu'ils assiègent et pillent.
– 283	La victoire des Romains sur les Sénons• marque le début de la reconquête de l'Italie du Nord dont les Gaulois seront totalement exclus en – 222.
– 200	Quatre-vingts tribus vivent en Gaule. Deux peuples se disputent la première place : les Arvernes•, maîtres du centre de la Gaule, sont les chefs d'une petite confédération dans le Massif central ; les Éduens•, installés sur la Saône, contrôlent d'importantes voies commerciales entre les vallées de la Seine, de la Loire et du Rhône.

LA PRISE DE ROME, 390 avant J.-C.

■ Les oies du Capitole

Sur les bords de l'Allia, un affluent du Tibre au nord-est de Rome, une armée gauloise affronte pour la première fois les Romains. 30000 Sénons• emmenés par Brennus font retentir « l'horrible harmonie de chants sauvages », c'est la débandade dans les rangs romains inférieurs en nombre. Le soir même, les Gaulois campent devant les murs de Rome. Le lendemain, ils pillent et incendient la ville. Les habitants se sont réfugiés dans la citadelle qui coiffe la colline du Capitole... Après avoir repéré un accès facile, les Gaulois, par une nuit claire, accèdent en silence au sommet de la colline. Mais les oies sacrées de Junon, qui avaient été épargnées malgré la disette, éveillent les Romains par leurs cris et leurs battements d'ailes. Les Gaulois sont repoussés.

■ Malheur aux vaincus !

Bientôt la famine touche les Romains qui subissent un long siège et les Gaulois qui ont ruiné le pays. Ces derniers, peu habitués à la chaleur, souffrent de l'été romain ; la dysenterie fait des ravages ; les cadavres s'amoncellent en tas qu'ils sont obligés de brûler... Les Romains, à bout de vivres, acceptent de négocier avec les Gaulois qui ont clairement fait entendre qu'ils ne demandaient pas une somme considérable pour lever le siège. La rançon est fixée à mille livres d'or. Pour la pesée, les Gaulois utilisent de faux poids, les Romains s'en aperçoivent, protestent. Brennus jette alors son épée sur un plateau de la balance en s'écriant : « Malheur aux vaincus ! ».

■ La Gaule cisalpine

L'irruption celtique en Italie date du début du IVe siècle. Elle est le fait de redoutables guerriers sûrs de la supériorité de leur longue épée de fer. La terreur inspirée par leurs cris de guerre provient sans doute de l'habitude qu'ont certains de porter à leur ceinture les têtes coupées de leurs adversaires.

La croissance démographique, l'attrait des richesses d'Italie révélées par le commerce, un brusque refroidissement de deux degrés de la température moyenne entre −600 et −400 expliquent en partie pourquoi, parmi d'autres peuples celtes, les Lingons• et les Sénons• franchissent les Alpes et établissent leur domination dans la plaine du Pô, domination qui devient totale en −350 au point que l'on peut parler d'une Gaule cisalpine.

☛ Prouesse gauloise puisque la ville ne sera plus jamais investie au temps des Romains, ou simple raid de pillards, la prise de Rome témoigne de la vitalité de l'expansion celtique même si elle n'est qu'un épisode de l'installation beaucoup plus durable des Gaulois en Italie du Nord... en Gaule cisalpine.

Brennus jette son glaive dans la balance

La conquête de la Gaule

Les Gaulois sont de farouches guerriers qui ne font pas de prisonniers. Ils sont organisés en tribus indépendantes dominées par la caste• des cavaliers qui forment une aristocratie• maîtresse de la terre et du pouvoir politique. Les Gaulois n'hésitent pas à se rebeller contre l'autorité des chefs, ce qui déclenche alors de nombreuses petites guerres civiles. Les Gaulois sont d'abord attachés à leur tribu.
C'est l'invasion romaine, effectuée en deux temps (124-118 et 58-52), qui leur donne le sentiment d'une certaine unité de la Gaule. Ils se regroupent alors derrière Vercingétorix, le jeune chef de la puissante tribu des Arvernes•.

– 124	Marseille, fidèle alliée de Rome, est aux prises avec les Salyens, un peuple voisin installé dans une place forte, l'oppidum d'Entremont. Elle appelle les Romains qui prennent Entremont, le détruisent et fondent à côté, sur un site d'eaux thermales, la ville fortifiée d'Aix-en-Provence (Aquae Sextiae) où ils s'établissent.
– 121	Sollicités par les Eduens, les Romains affrontent les Arvernes dont le chef Bituit, vaincu près de Bollène, est envoyé à Rome où il est mis à mort. Les régions situées entre Alpes et Pyrénées deviennent romaines.
– 118	Les Romains fondent Narbonne qui devient la capitale de la nouvelle province romaine. Celle-ci regroupe les territoires conquis en Gaule (Gaule transalpine ou narbonnaise).
– 58 JULES CÉSAR	**La conquête de la Gaule**. Les Eduens• font encore appel à Rome. Ils craignent, au nord, une invasion des Germains•, à l'est, l'arrivée massive d'Helvètes• eux-mêmes poussés par les Germains•. C'est l'occasion pour César de pénétrer en Gaule. Il bat les Helvètes• dans la région d'Autun et oblige le Germain Arioviste• à repasser le Rhin. Pour César, la « guerre des Gaules » commence. Mettant à profit les divisions qui règnent entre tribus, utilisant au mieux la force et la mobilité des légions romaines•, Jules César bat les troupes belges, détruit à Vannes la flotte des Venètes•, soumet la Bretagne et l'Aquitaine. En 53, la Gaule est pratiquement « pacifiée ».
– 52 VERCINGÉTORIX	**Le siège de Gergovie**. La révolte éclate contre l'occupant romain. Vercingétorix, un jeune chef arverne, prend la tête du soulèvement. Il organise la politique de la terre brûlée pour priver les légions romaines de fourrage et de blé. Jules César franchit les Cévennes en hiver. En mai, il assiège Vercingétorix qui s'est replié sur sa capitale, une place forte, l'oppidum de Gergovie. Devant les qualités défensives du site, César lève le siège. A Bibracte (oppidum celtique du Morvan), tous les peuples de la Gaule jurent de lutter ensemble jusqu'à la libération et acclament Vercingétorix comme chef suprême. Mais les 15 000 cavaliers gaulois lancés sur les 10 légions qui établissent un camp près de Dijon se font tailler en pièces. Vercingétorix se replie sur l'oppidum voisin d'Alésia.

ALÉSIA, 26 septembre, 52 avant J.-C.

Vercingétorix, à cheval, se rend à Jules César

■ Les armées se font face

Situé au sommet du mont Auxois, à 50 km au nord-ouest de Dijon, l'oppidum d'Alésia s'étend sur 2 km de long et 500 m de large. Vercingétorix s'y est replié après une sévère défaite de la cavalerie gauloise.
Jules César décide de forcer la place par un blocus. Les Romains construisent une ceinture de fortifications continues de 16 km.
Pour éviter l'encerclement, Vercingétorix lance la cavalerie gauloise. Mais la bataille tourne mal... La nuit même, de nombreux émissaires partent demander à l'ensemble des tribus gauloises l'envoi d'une armée de secours.

■ Le piège se referme

Pour faire face à l'armée de secours, César fait établir sur 21 km une seconde ligne de fortifications tournée vers l'extérieur. Cette double palissade est renforcée par 4 camps retranchés, 23 postes fortifiés et une série de tours distantes de 80 pas. Elle est précédée de pièges : double fossé, rangs de branchages taillés en pointe, rangs de pieux disposés en quinconce, « hameçons » de fer enterrés en surface.
Un mois passe. L'armée de secours n'est pas là au jour dit. Les vivres s'épuisent. Vercingétorix fait sortir les vieillards, les femmes et les enfants. César leur refuse le passage. Ils meurent de faim entre les camps.

■ La Gaule livre son dernier combat

L'armée de secours arrive enfin. La première bataille de cavalerie tourne à l'avantage des Romains. Le lendemain, l'armée gauloise attaque après minuit. Elle progresse rapidement, mais la zone piégée brise son élan. Deux jours après, à midi, s'engage la bataille décisive. Elle est incertaine. César prend lui-même part au combat. Vercingétorix atteint les remparts du retranchement mais, prise à revers, l'armée de secours est bousculée, anéantie... Le lendemain, Vercingétorix se livre pour éviter le massacre des guerriers. Seul, avec panache, il vient jeter ses plus belles armes aux pieds de César. C'en est fini de la liberté de la Gaule.
Fin septembre 46, six ans presque jour pour jour après Alésia, Vercingétorix participe, enchaîné, à la cérémonie du triomphe de César. Il est étranglé le soir même.

☛ Alésia marque la fin de l'indépendance gauloise, le début de la transformation d'une Gaule celtique en une Gaule romaine.
Alésia, c'est aussi, malgré la désunion des tribus, l'affirmation d'une certaine unité de la Gaule.

PRÉHISTOIRE
ANTIQUITÉ
MOYEN ÂGE
ANCIEN RÉGIME
RÉVOLUTION
XIXe SIÈCLE
XXe SIÈCLE

La Gaule romaine

Vaincue à Alésia, la Gaule va connaître pendant deux siècles et demi une « paix romaine » que ne troubleront pas quelques brèves révoltes isolées. De profonds changements interviennent. Sous la conduite des Romains, les guerriers gaulois se font bâtisseurs : ils développent les voies romaines, construisent des cités qu'ils ornent d'arènes, de théâtres, de thermes. Les Romains intègrent les Gaulois dans l'administration des cités. Les Gaulois adoptent les mœurs et la langue des Romains, deviennent des Gallo-romains. Mais une certaine négligence des empereurs romains dans la surveillance de la frontière fortifiée du Rhin, le limes•, l'utilisation des légions rhénanes dans la conduite d'opérations militaires en Orient ou dans des affrontements entre prétendants à l'empire font peser une grave menace sur la paix romaine. Le limes dégarni, la Gaule est à la merci des Barbares•.

– 50	La « guerre des Gaules » est terminée. Selon Plutarque, César aurait « pris d'assaut 800 forteresses ... fait un million de cadavres et capturé un autre million de prisonniers. »
– 43	Les Romains fondent Lugdunum (Lyon), non loin du confluent du Rhône et de la Saône, sur la colline de Fourvière consacrée au dieu celtique Lug•.
– 12 AUGUSTE	**Les Trois Gaules**. Le « conseil des Gaules » se réunit à Lugdunum. Cette assemblée se tiendra une fois par an et pourra approuver ou critiquer l'administration des Romains. A cette date, Lugdunum est devenu la capitale des « Trois Gaules » : l'Aquitaine, la Lyonnaise, la Belgique dirigées par un gouverneur. Le sénat romain administre la Narbonnaise. Les légions romaines montent la garde sur le limes•.
70	Face à la proclamation de l'« empire des Gaulois » par quelques aristocrates de deux tribus, le conseil des Gaules affirme sa fidélité à Rome. Plusieurs tribus participent même à la répression. La Gaule est romaine.
162-174	Par deux fois, les Germains font de brèves incursions autour de Strasbourg.
177	**Blandine, première martyre**. Le christianisme est apparu en Gaule dès le Ier siècle et s'est lentement diffusé vers le nord et l'est. C'est à Lyon qu'ont lieu les premières persécutions contre les chrétiens. Quarante-huit personnes sont mises à mort, parmi lesquelles une jeune esclave, Blandine. Livrée à des bêtes féroces, elle est la première martyre de la Gaule.
196 COMMODE	A la suite de l'assassinat de l'empereur Commode, la Gaule est le théâtre d'un affrontement entre le général Albinus soutenu par les légions de Bretagne et le général Septime Sévère soutenu par les légions du Danube. Un violent combat se déroule le 14 février 197 sous les murs de Lyon. Albinus, vaincu, se suicide.
233	Les Alamans, peuplade germanique, franchissent le limes, détruisent les camps, prennent Strasbourg. La route de l'intérieur est ouverte.

PEUPLES ET PROVINCES, vers 20 avant J.-C.

C'est l'empereur Auguste qui entre 27 et 16 av. J.-C. réorganise administrativement la Gaule en quatre provinces réparties en deux ensembles :

— d'un côté la Narbonnaise, la province la plus anciennement conquise. Elle est placée sous le contrôle du Sénat et administrée par un proconsul en résidence à Narbonne ;

— de l'autre les Trois Gaules — l'Aquitaine, la Lyonnaise et la Belgique —, avec chacune un gouverneur représentant direct de l'empereur. Ces trois provinces se rejoignent à Lyon qui devient la capitale commune des Trois Gaules.

Les grandes invasions

La Gaule, plus riche pays de l'Europe occidentale, excite l'appétit de nouveaux envahisseurs, les Barbares•. Les Alamans, les Francs, les Wisigoths... eux-mêmes poussés par les Huns, se ruent en masse sur la Gaule, anéantissent l'ordre romain. Les intrigues politiques, les affrontements armés entre candidats à l'empire expliquent en partie l'effondrement du pouvoir impérial dans une Gaule où la présence de Barbares• est devenue courante du fait de leur intégration dans les troupes auxiliaires de l'armée romaine. Face à l'établissement de royaumes barbares indépendants subsiste l'autorité des évêques : la conversion de l'empereur Constantin (312) a fait du christianisme une religion tolérée. Théodose (395) en fait une religion officielle.

256	Après un premier raid fructueux sur la Seine en 253, les Alamans atteignent le Rhône, pillent Bourges et Clermont. De nouveaux venus, les Francs, sont stoppés par l'empereur Gallien.
275	La proclamation en 260 à la tête de l'« empire des Gaules » d'un officier gaulois, Postumus, par ses légions du Rhin, renforce pour un temps la surveillance du limes•. Mais en 275 la Gaule tombe aux mains des Germains : Francs et Alamans parcourent le pays et pillent plus de 70 villes. De plus, les paysans ruinés et les bergers sans travail constituent des bandes errantes, les Bagaudes, aussi redoutées que les Barbares• par les gens des cités.
313 CONSTANTIN	L'édit• de Milan autorise la religion chrétienne dans l'empire romain.
355	Les Alamans et les Francs tentent en vain de s'établir entre Rhin et Moselle. Les mesures prises par l'empereur Constantin, doublement des légions sur le Rhin, engagement de Barbares•, permettent un répit d'un demi-siècle.
406	**La percée décisive** (31 décembre). Une concentration de Barbares• jamais vue jusque-là, passe le Rhin avec femmes, enfants, chariots, bétail. C'est en fait une migration, une fuite devant de redoutables envahisseurs venus de l'est, les Huns, à travers une Gaule dont les villes se sont entourées de murailles... Les Vandales se dirigent vers l'Afrique ; les Alains s'installent en Aquitaine ; les Burgondes dans la vallée du Rhône ; les Alamans prennent pied en Alsace ; les Francs occupent la rive gauche du Rhin. Les Wisigoths établissent en 410, autour de Toulouse, le premier Etat barbare sur sol gaulois.
451 VALENTINIEN III	**La défaite d'Attila** (20 juin). Les Huns, maîtres du centre de l'Europe, franchissent le Rhin derrière leur chef, Attila. Metz, Reims sont détruites. Paris que l'on dit sauvé par sainte Geneviève, une riche gallo-romaine, n'est pas sur leur route. Attila assiège Orléans. Des Wisigoths, des Burgondes, des Francs convergent vers la ville sous l'autorité d'Aetius, qui, au nom de l'empereur Valentinien III a « installé » en Gaule ces Barbares•. Surpris, Attila recule, les hordes huns, battues près de Troyes le 20 juin, se replient sur le Danube.
476 ROMULUS AUGUSTULE	Le Germain Odoacre dépose à Milan le dernier empereur romain d'Occident (l'empire est partagé en deux depuis 395). Personne en Gaule ne s'en aperçoit. Depuis la mort d'Aetius en 454, les rois barbares sont maîtres de la Gaule.

TRAJETS DES MIGRATIONS BARBARES, 350-450 après J.-C.

La poussée exercée à l'est par les Huns, l'attrait exercé par les richesses de la Gaule expliquent en partie le vaste mouvement de peuples, orienté principalement du nord au sud et d'est en ouest qui se produit à la charnière de l'Antiquité et du Moyen Age.

« Grandes invasions » pour les historiens de langue française, « migrations de peuples » pour les historiens de langue allemande qui ne se placent pas du point de vue romain, ce formidable déplacement de populations barbares qui prend de gigantesques proportions au IIIe siècle et au Ve siècle amène la chute définitive de l'empire romain d'Occident.

PRÉHISTOIRE
ANTIQUITÉ
MOYEN ÂGE
ANCIEN RÉGIME
RÉVOLUTION
XIXe SIÈCLE
XXe SIÈCLE

La Gaule franque

Au milieu de l'anarchie barbare, Clovis crée une réalité politique nouvelle : le royaume franc. Il réalise la fusion entre l'héritage gallo-romain et la civilisation germanique. Sa conversion au catholicisme, événement décisif de l'histoire nationale, lui permet de s'appuyer, dans sa conquête, sur l'autorité des évêques, de se concilier l'aristocratie gallo-romaine. Dans sa conversion, l'influence de sa femme Clotilde ne sera jamais connue, mais Clovis témoigne là d'une grande intelligence des situations concrètes. A sa mort, son royaume couvre presque l'étendue des Trois Gaules.

481 CLOVIS	Clovis, fils de Childéric, est né en 465 ; il a la réputation d'un chef de guerre hardi et impitoyable, il porte les cheveux longs, signe de la royauté. A Tournai, il est hissé sur un bouclier, le pavois, pour être proclamé roi des Francs. Les Francs occupent alors le nord de la Gaule.
486	**Le vase de Soissons.** A la bataille de Soissons, Clovis bat et tue son voisin le plus faible, Syagrius qui s'était donné le titre de roi des Romains. Après la victoire, Clovis, selon la coutume, partage le butin en lots qui sont ensuite tirés au sort. A la demande de l'évêque Rémi, Clovis met de côté un beau vase liturgique en argent. Un soldat proteste et heurte de sa hache le vase, sans le briser, contrairement à ce qu'affirme la légende. Lors de l'inspection générale annuelle suivant la bataille, Clovis se venge de l'affront en fendant avec sa hache le crâne du contestataire.
493	Clovis épouse Clotilde, une princesse burgonde de foi catholique. Il s'allie ainsi aux Burgondes et s'attire la bienveillance des catholiques.
496	**La conversion de Clovis.** A Tolbiac, Clovis remporte un succès sur les Alamans. La tradition veut qu'au cours de cette bataille Clovis ait promis de se convertir si « le dieu de Clotilde » lui donnait la victoire. Le 25 décembre, à Reims, l'évêque Rémi baptise Clovis et 3000 de ses guerriers.
507	Protecteur de l'église des Gaules, Clovis entreprend une expédition contre les Wisigoths qui sont catholiques mais hérétiques ariens : ils nient la trinité de Dieu. A Vouillé, le roi wisigoth Alaric est tué. A Toulouse, capitale du royaume wisigoth, Clovis est accueilli en libérateur par les évêques : il a interdit le pillage des biens d'Eglise.
508	**La publication de la loi salique•**. Il s'agit de la mise par écrit en langue latine du droit coutumier• franc qui va cohabiter avec la loi romaine.
511	Au concile• d'Orléans, Clovis réunit les évêques de Gaule et leur fait admettre qu'aucun laïc ne pourra être élu évêque sans son accord. Le 27 novembre, Clovis meurt dans la ville qu'il a choisie comme capitale : Paris.

LE ROYAUME DE CLOVIS, 482-511 après J.-C.

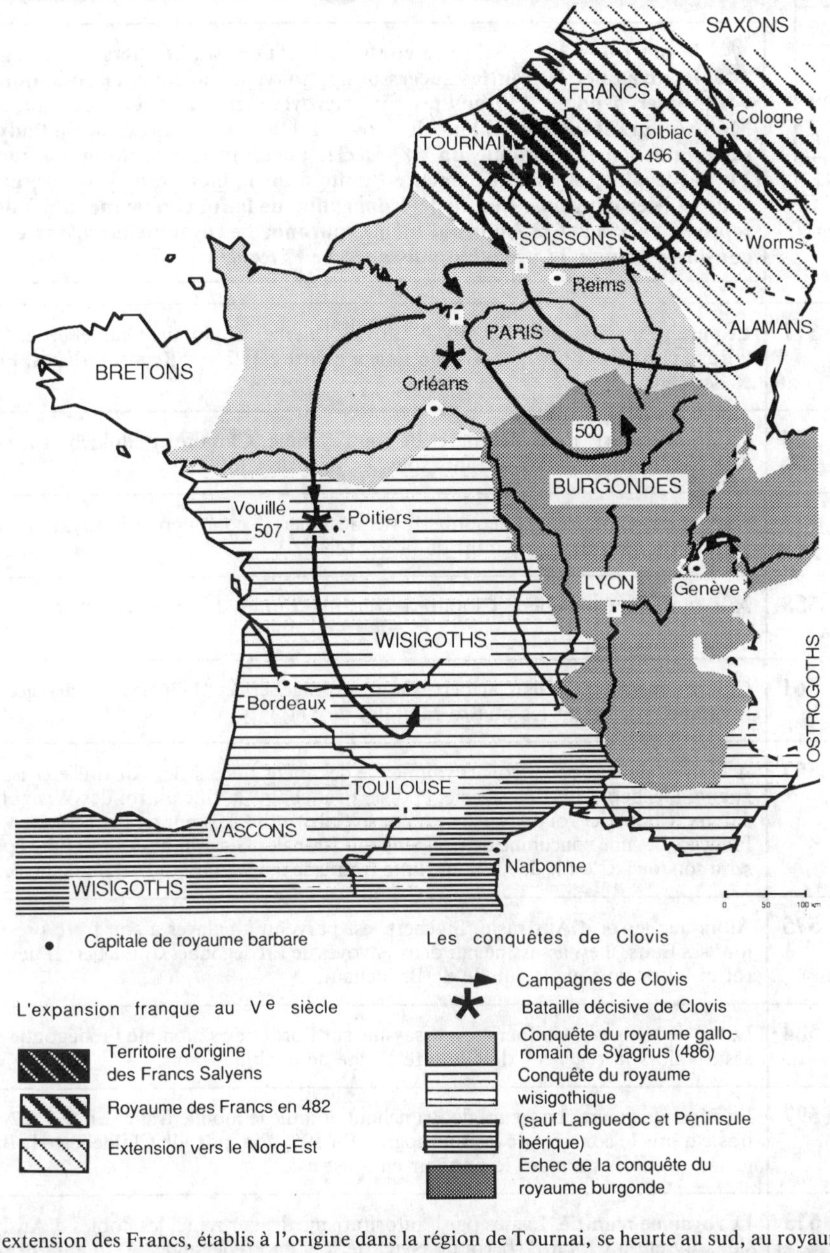

L'extension des Francs, établis à l'origine dans la région de Tournai, se heurte au sud, au royaume de Syagrius qui s'était paré du titre de roi des Romains. Une fois celui-ci vaincu, Clovis s'attaque aux deux grandes puissances barbares établies dans le sud du pays, les Wisigoths et les Burgondes. Si le royaume wisigoth s'effondre à la bataille de Vouillé, le royaume burgonde résistera jusqu'en 534.

Les Mérovingiens

A la mort de Clovis, selon la coutume franque, ses héritiers se partagent le royaume. Des luttes successorales souvent violentes et compliquées vont agiter pendant 250 ans les rois mérovingiens qui tirent leur nom de Mérovée, grand-père mythique de Clovis. L'élimination physique de l'adversaire, qui heurte l'homme du XXe siècle, est alors une pratique courante. Le fait le plus important demeure l'unité d'un monde franc qui s'agrandit sous les Mérovingiens. Centre de propagation de la foi chrétienne, uni à deux reprises, en 558 et 613, sous une même couronne, le royaume mérovingien est considéré comme la première puissance de l'Occident.

511	**Le partage du royaume.** Les fils de Clovis, Thierry, Clodomir, Childebert et Clotaire se partagent l'héritage. Ils choisissent quatre capitales : Reims, Orléans, Paris et Soissons.
524	Clodomir meurt. Pour s'emparer de son royaume, Clotaire et Childebert n'hésitent pas à assassiner ses enfants sous les yeux de Clotilde.
534	Childebert, Clotaire et Théodobert, fils de Thierry, conquièrent le royaume burgonde. En 536, ils s'emparent de la Provence.
558 CLOTAIRE	A la mort de Childebert, Clotaire reconstitue l'unité du royaume franc.
561	Clotaire meurt. Ses fils Caribert, Gontran, Sigebert et Chilpéric se partagent le royaume en gardant les quatre capitales de 511.
567	A la mort de Caribert, trois royaumes se dessinent : Neustrie, Austrasie et Bourgogne. Sigebert, roi d'Austrasie, épouse Brunehaut, la fille du roi des Wisigoths. Jaloux, Chilpéric, roi de Neustrie, épouse Galswinthe, la sœur de Brunehaut. Mais Frédégonde, une concubine de Chilpéric fait étrangler Glaswinthe pour se faire épouser à son tour. C'est le début d'une lutte fratricide qui va durer près d'un demi-siècle.
575	Alors que le roi d'Austrasie, Sigebert, est parvenu à enlever à son frère presque tous ses Etats, il est assassiné par deux envoyés de Frédégonde. Childebert II devient roi d'Austrasie sous la tutelle de Brunehaut.
584	Le roi de Neustrie, Chilpéric est assassiné sur l'ordre de sa femme Frédégonde qui assure alors la régence• de Clotaire II âgé de quelques mois.
597	Frédégonde meurt. La figure de Brunehaut domine le monde franc. En 593, l'Austrasie a pris le contrôle de la Bourgogne. En 595, à la mort de Childebert II, Brunehaut a repris en main le pouvoir en Austrasie.
613 CLOTAIRE II	**Le royaume réunifié.** Lassés par l'autoritarisme de leur reine, les nobles d'Austrasie la livrent à Clotaire II, roi de Neustrie, fils de Frédégonde. A 70 ans, Brunehaut est attachée par un pied et par les cheveux à la queue d'un cheval sauvage qui lui brise les os. Tous ses descendants sont égorgés. Clotaire II peut régner sans partage sur le monde franc.

LES RÉGIONS DE LA FRANCE MÉROVINGIENNE, 561

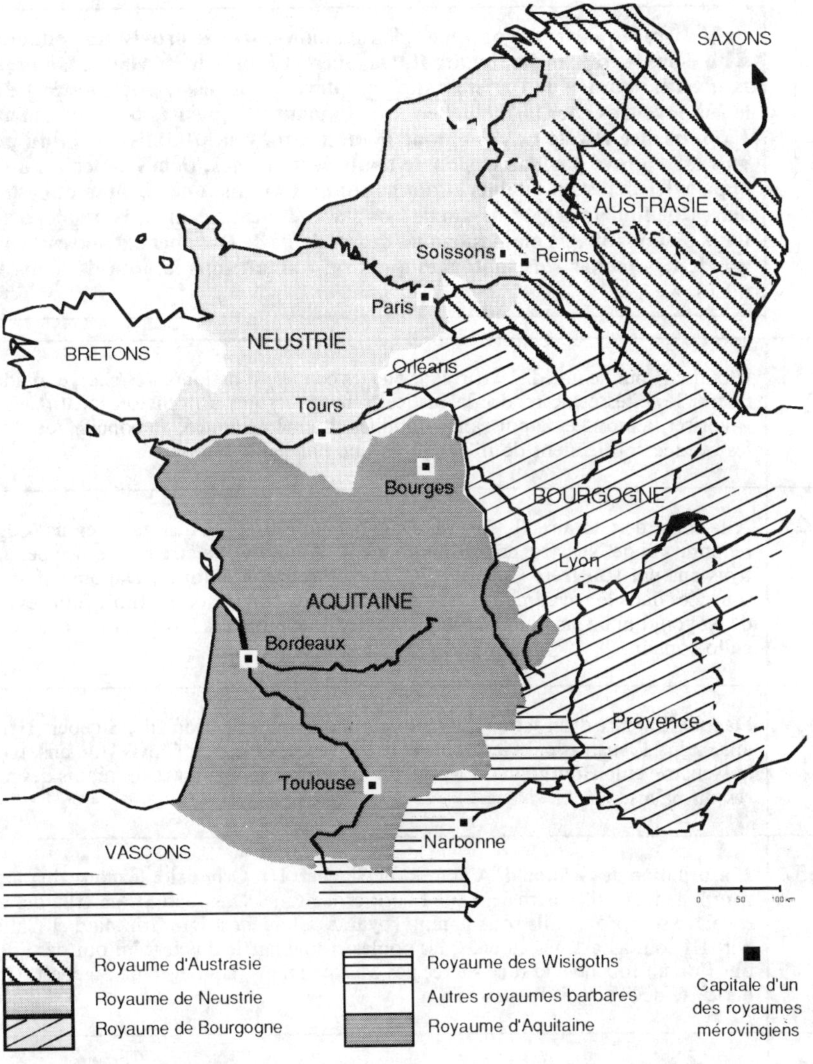

Les partages successifs, les révolutions de palais ne mettent pas en cause une certaine unité du monde franc et l'on peut voir dans le voisinage des quatre capitales choisies (Orléans, Paris, Reims, Soissons) lors des partages de 511 et 561, la manifestation d'une volonté d'unité et de coopération. Au cours des conflits se sont dessinés de grands ensembles stables :

— les terres du midi qui ont gardé une forte dominante gallo-romaine et chrétienne : Aquitaine, Provence et Bourgogne.

— Les royaumes francs du nord. En Neustrie, les grandes familles aristocratiques franques se sont mariées avec les nobles gallo-romains restés sur place. En Austrasie, les Francs sont au contact de Germains* restés très proches de leurs origines tribales et païennes.

Les maires du palais

Malgré les partages continuels, le royaume se trouve provisoirement unifié sous les règnes de Clotaire II, Dagobert et Childéric II. Mais le fait important est la montée de l'aristocratie• qui devient une caste• de guerriers dont le roi paye très cher la fidélité en leur donnant d'immenses bien domaniaux. La puissance royale ne cesse donc de décroître. Cet affaiblissement du pouvoir est aggravé par l'ascension de hauts personnages, riches de terres, qu'on appelle les maires du palais et qui ne sont à l'origine que de simples gestionnaires du domaine royal. Usant de leur place, ils deviennent les véritables détenteurs du pouvoir, ils manipulent les descendants de Dagobert, disposent à leur gré de très jeunes rois fantoches que l'on connaît sous le nom de « rois fainéants ».

614 CLOTAIRE II	Clotaire II publie un édit• affirmant que les comtes, fonctionnaires chargés d'administrer les cités et de rendre la justice, seront recrutés à l'échelon local. Cela va favoriser la montée de puissantes familles. La même année, au concile• de Paris, les évêques obtiennent de n'être jugés que par leurs pairs.
629 DAGOBERT	A la mort de Clotaire II, son fils Dagobert qui dirige l'Austrasie depuis 623 est reconnu roi de Neustrie et de Bourgogne. L'Aquitaine va être gouvernée pendant trois ans par son frère Caribert II. Pour asseoir son autorité, Dagobert fait des tournées dans le royaume : il est accompagné de son trésorier, Eloi, futur évêque de Noyon, qui influe pour que la justice tienne compte des lois franques et du droit gallo-romain.
639	Dagobert meurt d'un « flux de ventre », une dysenterie. Son fils, Sigebert III, 10 ans, reçoit l'Austrasie, l'Aquitaine et la Provence. Le cadet, Clovis II, 6 ans, reçoit la Neustrie et la Bourgogne. Le pouvoir effectif va passer entre les mains des maires du palais.
657	**L'usurpation de Grimoald.** A la mort de Sigebert III, Grimoald, le maire du palais, usurpe le trône d'Austrasie, exile l'héritier légitime, Dagobert II, en Irlande, met en place son propre fils sous le nom royal de Childebert III. Grimoald et Childebert III sont assassinés en 662 : les nobles et une partie du clergé n'ont pas admis que l'on ait touché à la race sacrée des Mérovingiens. Un neveu de Sigebert, Childéric II, devient roi d'Austrasie.
673 CHILDERIC II	**Le roi fantoche.** En Neustrie, après les règnes de Clovis II et de Clotaire III, Ebroïn, maire du palais depuis 658, met sur le trône Thierry III, frère de Childéric. Les nobles qui n'ont pas participé à l'élévation sur le pavois, se révoltent. Ils enferment Ebroïn et son fantoche dans un monastère et demandent à Childéric II, roi d'Austrasie, d'occuper aussi le trône de Neustrie.
675	Childéric II veut exercer son autorité : il est assassiné. C'est le début d'une période d'anarchie, marquée par l'éclatement du royaume franc en principautés autonomes• et par l'affrontement des maires du palais.

LES ROIS FAINÉANTS

■ Le bon temps des rois fainéants ?

« Au temps, au bon temps des rois fainéants, les jours et les nuits se passaient au lit. Traînés par des bœufs dans un char moelleux, on faisait Paris-Orléans en trois ans, tout en taquinant les belles pucelles en passant. » chantait Bourvil en 1959. Tous les clichés sont là.
De nombreux historiens sont plus sévères et présentent les rois fainéants comme « une succession lamentable de princes faibles, malades, déséquilibrés, pourris de vice, des personnages falots qui arrivent au trône très jeunes, épuisés par de précoces débauches et qui en meurent. » Dans les faits, la mort de Dagobert, en 639, ouvre une longue période de guerres civiles.

■ Les origines d'une image légendaire

Les documents sur les Mérovingiens descendants de Dagobert sont peu nombreux, pour certains d'entre eux pratiquement inexistants. Seuls quelques écrits datés de leur règne nous confirment l'existence de ces rois fantômes. La source la plus ancienne est une chronique d'Eginhard (840), le biographe de Charlemagne, qui parle ainsi des rois fainéants : « Le roi n'avait plus, en dehors de son titre que la satisfaction de siéger sur son trône avec sa longue chevelure et sa barbe pendante, d'y faire figure de souverain… Quand il avait à se déplacer, il montait dans une voiture attelée de bœufs, qu'un bouvier• conduisait à la mode rustique. »

■ La recherche de la vérité

Si les rois fainéants restent oisifs, c'est qu'ils y sont contraints par les maires du palais. La plupart d'entre eux n'ont pas 12 ans quand ils sont installés sur le trône. Childéric II et Dagobert II, les deux seuls qui, parvenus à l'âge adulte, essaient d'user de leur pouvoir, sont égorgés traîtreusement. De plus l'image essentiellement négative qui nous reste — provenant d'Eginhard, un serviteur des Carolingiens —, est celle d'usurpateurs qui veulent légitimer leur prise de pouvoir. L'attelage de bœufs est la preuve manifeste de la déchéance des rois mérovingiens incapables de chevaucher. La longue chevelure, signe de royauté chez Clovis, devient au IXe siècle, une marque de barbarie, voire d'animalité.

☞ **Descendants de Clovis tombés du pavois dans un chariot traîné par des bœufs, rois fainéants dans nos mémoires, rois enfants encombrants et impuissants dans l'histoire, l'image qui accompagne le souvenir des derniers mérovingiens est peut-être le résultat de la première entreprise réussie de propagande politique officielle.**

Un roi fainéant (gravure XIXe)

Les derniers Mérovingiens

En Austrasie s'impose une véritable dynastie de maires du palais : les Pippinides, du nom de Pépin de Herstal. Mais, l'aristocratie• reste attachée à la présence d'un roi mérovingien, même fantoche. Ce n'est qu'après trois quarts de siècle de pouvoir que les Pippinides peuvent s'installer eux-mêmes sur le trône en tant que Carolingiens. Deux d'entre eux ont joué un rôle déterminant. Charles Martel (bâtard de Pépin de Herstal) arrête les Arabes à Poitiers, devient le sauveur de la chrétienté et se forge ainsi une légitimité•. Son fils Pépin le Bref qui se fait élire roi selon la coutume franque, invente la cérémonie du sacre : par l'onction d'huile sainte en présence de tous les évêques, le roi devient une personne sacrée.

679	En Austrasie, à la mort de Dagobert II revenu d'exil, le maire du palais Pépin de Herstal, neveu de Grimoald, reste seul au pouvoir.
687 THIERRY III	Après avoir connu, en 680, la défaite devant Ebroïn, revenu aux affaires à la mort de Childéric II, Pépin de Herstal écrase les Neustriens à Tertry. Il s'empare de Thierry III, mais habile politique, il lui laisse l'apparence du pouvoir dans un royaume réunifié.
715 CLOTAIRE IV	A la mort de Pépin de Herstal, sa veuve Plectrude essaie de gouverner au nom de ses petits-fils. La Neustrie se soulève autour de Rainfroi que les nobles se sont donné pour maire du palais. Mais les Saxons franchissent le Rhin et menacent l'Austrasie. C'est un bâtard de Pépin, Charles, qui en 716 met au pas révoltés et envahisseurs, prend le titre de maire de Neustrie et installe un roi fantoche : Clotaire IV.
732 THIERRY IV	**La bataille de Poitiers** (25 octobre). Après avoir réduit les derniers Neustriens (719), soumis la Bavière (728), Charles franchit la Loire et pille le Poitou pour réduire la puissance du duc Eudes, qui, en 30 ans, a fait de l'Aquitaine un royaume indépendant (731). Cette même année, le duc Eudes est aux prises avec une offensive arabe partie d'Espagne qu'il n'arrive pas à stopper. Il demande secours à Charles. Le choc décisif a lieu en 732 près de Poitiers.
737	Thierry IV meurt. Charles Martel laisse inoccupé le trône mérovingien.
739	Allié aux Lombards d'Italie du Nord, Charles Martel stoppe une offensive musulmane en Provence. Les Arabes gardent le contrôle de Narbonne.
741 CHILDERIC III	A la mort de Charles Martel, ses deux fils, Carloman et Pépin, doivent mater une révolte des nobles et dans un souci d'apaisement, ils installent sur le trône, en 743, le dernier roi mérovingien : Childéric III.
751 PÉPIN LE BREF	**L'élection de Pépin le Bref**. Carloman a renoncé au pouvoir dès 747 pour se consacrer à Dieu. Une paix intérieure règne depuis trois ans. Pépin, surnommé le Bref à cause de sa petite taille, réunit à Soissons les nobles du royaume, se fait élire roi des Francs et se fait sacrer par les évêques. Childéric III est enfermé dans une abbaye après avoir été tondu.

POITIERS, 25 octobre 732

■ Les adversaires

Les Arabes, maîtres de l'Espagne depuis 718, avaient fait une première incursion en Gaule en 721 ; Eudes, duc d'Aquitaine leur avait alors infligé une sévère défaite à Toulouse. En 731, parti de Pampelune, le nouvel émir• Abd el Rhâman ravage la Gascogne, brûle les églises de Bordeaux, écrase les troupes d'Eudes qui tentent de l'arrêter sur la Dordogne, alors que Charles pille le Poitou. Pris entre le marteau franc et l'enclume musulmane, Eudes prend le parti de demander secours à Charles.

■ Le lieu

C'est à 25 km au nord de Poitiers, à Moussais-la-Bataille, sur la rive droite du Clain, qu'Abd el Rhâman se trouve face à face avec Charles Martel. Les mulsumans suivaient la voie romaine Poitiers-Tours pour aller piller Saint-Martin-de-Tours, le plus riche monastère de toute la Gaule.

■ Deux tactiques opposées

Sept jours durant les armées s'observent, ne se livrent guère qu'à de petites escarmouches. Chacune d'elles hésite sur le choix du terrain.
Les cavaliers musulmans, armés d'un bouclier rond, d'une lance et d'un arc, pratiquent l'attaque par vagues successives et le repli rapide en continuant de tirer à la renverse des flèches sur leurs poursuivants.
Les fantassins francs, armés d'un bouclier allongé, de la redoutable francisque• et d'une excellente épée aussi souple que tranchante, combattent au coude à coude et forment une masse compacte.

■ L'affrontement

Le 25 octobre, premier jour du Ramadan•, les cavaliers musulmans se lancent en vain contre une armée franque disposée en rangs serrés, un « mur immobile » hérissé d'épées tournoyantes. La tradition rapporte que Charles « martelle » à merveille de sa masse d'armes. Aucune des charges mulsulmanes n'aboutit. La nuit arrête l'action... Au point du jour l'étonnement des Francs est grand quand ils se rendent compte que rien ne bouge dans le camp musulman. Celui-ci a été évacué dans la nuit : l'émir• Abd el Rhâman a été tué dans l'assaut de la veille... Faute de cavalerie, les Francs ne poursuivent pas les vaincus.

☞ La victoire de Poitiers donne à Charles un prestige extraordinaire : il y gagne son surnom de « Martel » et légitime sa bâtardise.

Mais cette victoire n'est pas le coup d'arrêt à l'expansion de l'islam : les arabes ne seront chassés de Narbonne qu'en 759 et la menace d'invasion musulmane ne cessera qu'après la prise de Barcelone en 801 !

Poitiers, c'est un triomphe à usage interne. Charles Martel se débarrasse d'Eudes, son plus dangereux rival et met fin au rêve aquitain d'indépendance.

Charles Martel manie ici la redoutable francisque

Les Carolingiens

La nouvelle race royale des Carolingiens est consacrée à deux reprises par les papes. Le renouvellement du sacre de Pépin le Bref crée la monarchie de droit divin•. L'accession de Charlemagne au titre impérial confirme que le roi des Francs est l'élu de Dieu. Au cours de son règne, Charlemagne renforce la cohésion d'un empire qu'il a considérablement accru par des chevauchées annuelles, qu'il a unifié sous sa seule autorité. Il crée des missi dominici (envoyés du maître), véritables commissaires royaux qui sillonnent l'empire pour établir des rapports sur l'application des capitulaires — ordres écrits venant du palais —, et sur les agissements des quelque 250 comtes, bien nantis en terres, qui sont les représentants permanents mais révocables de l'empereur en Province.

754 PÉPIN LE BREF	Après avoir demandé l'aide de Pépin le Bref contre les Lombards, le pape Etienne II confirme par un nouveau sacre, en l'abbaye de Saint-Denis, l'élection de Pépin et « défend sous peine d'excommunation d'oser jamais choisir un roi d'un autre sang ».
768 CHARLEMAGNE	Pépin meurt. Il a créé pour le pape un état pontifical autour de Rome (756); il a chassé les Arabes au-delà des Pyrénées (759); il a soumis l'Aquitaine (768). Ses fils Charles et Carloman se partagent le royaume. Mais Carloman meurt dès 771. Charles s'empare de ses terres. A 30 ans, Charlemagne (du latin *magnus* = le grand) est un homme robuste. Bon chasseur, grand nageur, il ne portera jamais la « barbe fleurie » de sa légende.
774	Charlemagne intervient en Italie à la demande du pape menacé par les Lombards. Il coiffe la couronne du roi des Lombards.
778	**Roncevaux** (15 août 778). A la demande d'un chef musulman en lutte avec son émir•, Charlemagne entre en Espagne dans l'espoir d'y libérer les chrétiens. Une révolte sur le Rhin l'oblige à battre en retraite. Il repasse les Pyrénées à Roncevaux où meurt son neveu.
785	**Soumission de la Saxe païenne**. Charlemagne fait décapiter 4500 prisonniers. En fait, la conquête de la Saxe commencée en 775 ne s'achèvera qu'en 806. L'occupation franque est très dure : toute atteinte à la religion chrétienne est punie de mort. Pourtant dès que Charlemagne s'éloigne, les Saxons se révoltent, en particulier en 793. Pour en finir, Charlemagne fait déporter plus de 10000 familles dans le centre et le midi du royaume.
789	Charlemagne favorise l'ouverture d'écoles monastiques « pour apprendre à lire aux enfants ». Selon Eginhard, Charlemagne lui-même s'exerçait à « tracer des lettres, mais il s'y prit tard et le résultat fut médiocre. »
796	A l'est du royaume, Charlemagne qui a annexé la Bavière en 788, bat les Avars, descendants des Huns. Cette victoire lui procure un riche butin.
800	**Charlemagne, empereur** (25 décembre). S'étant rendu en Italie à la demande du pape, Charlemagne, roi barbare, est sacré empereur des Romains à Rome.
814	A la mort de Charlemagne, un seul de ses trois fils lui survit : Louis le Pieux. Charlemagne l'a lui-même couronné empereur à Aix-la-Chapelle en 813.

RONCEVAUX, 15 août 778

■ Un cadre propice aux embuscades

Charlemagne assiège Saragosse depuis deux mois quand il apprend que les Saxons pillent avec succès les bords du Rhin. Il prend le chemin du Nord. Entre le bourg de Roncevaux et le sommet du col, la voie serpente sur 3 km au milieu des bois, avec sur le côté droit un ravin profond.

■ Un ennemi invisible

Le gros de la troupe est passé avec Charlemagne à sa tête. En queue, des bêtes de somme traînent le butin et le ravitaillement ; les Palatins, les meilleurs officiers, encadrent des otages musulmans pris en Espagne.
Soudain une pluie de javelots cloue sur place l'arrière-garde. Les assaillants délivrent les otages, poussent les bêtes de somme dans les ravins, massacrent les guerriers jusqu'au dernier, décrochent et se dispersent immédiatement grâce à leur connaissance du terrain.
Alerté par les cris et le son du cor, le reste de l'armée panique. La volte-face est malaisée : la pente, la cuirasse, la longue épée gênent les mouvements. Charlemagne revenu au sommet du col, ne peut que faire relever le cadavre de ses meilleurs officiers.
L'embuscade a été le fait des Arabes qui voulaient récupérer leurs otages, mais ils ont su s'assurer, pour les guider, les services des Basques.

■ Et Roland ?

Absent des récits officiels et écrits de 801 et 829, Roland « préfet de la marche bretonne » ne fait son apparition dans un texte d'Eginhard qu'en 836. Pourtant ce Roland a bien existé. Dès le lendemain de la bataille, il devient le héros des chansons colportées par les jongleurs. Au Xe siècle, l'histoire s'enrichit de la belle Aude aux bras blancs, du sage Olivier, du traître Ganelon. Au XIIe, la Chanson de Roland est mise par écrit.

☛ Dans la réalité, Roncevaux n'est parmi 40 années de guerre, qu'une funeste péripétie que l'on cherche à taire, dans la crainte de soulèvements dans une Aquitaine pacifiée depuis peu.

Dans la chanson, Roland incarne le héros idéal se sacrifiant pour une noble cause, le chevalier• chrétien à la bravoure légendaire. Il inspire, pour près de cinq siècles, d'autres comportements héroïques, ceux des croisés en particulier.

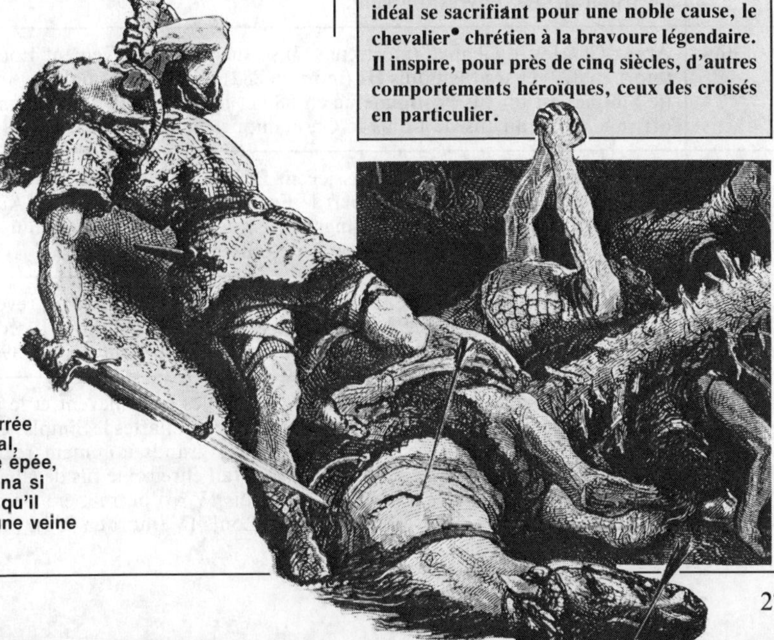

La main serrée sur Durendal, sa fameuse épée, Roland sonna si fort du cor qu'il se rompit une veine du cou

Les incursions normandes

Les rivalités entre les petits-fils de Charlemagne amènent la division de l'empire et affaiblissent considérablement la puissance royale. Seule la division en clans de l'aristocratie• empêche la monarchie carolingienne de succomber. Le roi se montre incapable de résister aux invasions des Normands dont la force réside en une mobilité extrême qui leur est donnée par les drakkars, bateaux à fond plat bons pour la navigation fluviable comme pour la haute mer. C'est dans la lutte contre les Normands que s'illustre la puissante famille de Robert le Fort. Pendant un siècle, Robertiens et Carolingiens vont alterner sur le trône au gré de la volonté de l'aristocratie• qui a obtenu en 877 que les « bienfaits », les fiefs concédés aux comtes pour service rendu le soient à titre héréditaire, ôtant ainsi au roi tout contrôle sur ses « fonctionnaires »

817 LOUIS LE PIEUX	Louis le Pieux établit l'indivisibilité de l'empire et proclame empereur son fils aîné Lothaire. Les deux cadets Louis et Pépin deviennent des rois subordonnés.
830	Louis le Pieux attribue la dignité impériale à Charles, dernier né en 823 de son remariage avec Judith de Bavière. Les nobles provoquent une insurrection. Ils sont rejoints par Lothaire et ses deux frères cadets, Louis et Pépin. Louis le Pieux est déposé.
840 CHARLES LE CHAUVE	Louis le Pieux meurt après dix ans de guerre civile. Une guerre de succession commence aussitôt entre Lothaire, Louis et Charles (Pépin est mort en 838). Cette guerre ne prendra fin qu'avec le traité de Verdun (843).
843	**De nouveaux envahisseurs, les Vikings•, remontent les fleuves.** Nantes, Toulouse sont prises. En mars 845, à la tête d'une puissante flotte, Ragnard Lodbrock prend Paris le dimanche de Pâques. Charles le Chauve négocie son départ moyennant un tribut de 7000 livres d'argent.
884 CHARLES LE GROS	Après Charles le Chauve (mort en 877) se succèdent brièvement Louis le Bègue (mort en 879) et ses fils Louis III (mort en 882), Carloman (mort en 884). Charles (le Simple) est un fils posthume né en 880 et les puissants du royaume préfèrent offrir le trône au fils de Louis le Germanique : Charles le Gros.
885 EUDES	**Le siège de Paris.** Les Vikings• assiègent Paris avec 700 drakkars et 20000 hommes. Le comte Eudes,fils de Robert le Fort, conduit la résistance. Au bout d'un an, moyennant un tribut, les Vikings• lèvent le siège. Les nobles qui viennent de déposer Charles le Gros pour incapacité, élisent Eudes roi.
911 CHARLES LE SIMPLE	**Le traité de Saint-Clair-sur-Epte.** Charles le Simple (= l'honnête), revenu au pouvoir à la mort d'Eudes en 898, traite avec le chef danois Rollon. Il cède aux Normands (hommes du Nord) la Basse-Seine qu'ils contrôlent depuis 896.
922	Commandés par Robert, frère d'Eudes, les nobles se soulèvent et le proclament roi. Robert I meurt en 923 dans une bataille contre Charles le Simple. C'est le gendre de Robert I, Raoul de Bourgogne que les grands nomment roi. Il n'a pas d'enfants… En 936, Hugues, fils de Robert I fait élire roi le fils de Charles le Simple, réfugié en Angleterre d'où son nom Louis IV « d'outre-mer » ; contre l'attribution de titres importants, il laisse régner Louis IV (mort en 954), puis le fils de ce dernier, Lothaire (mort en 986).

LA FRANCE NAIT A VERDUN, 843

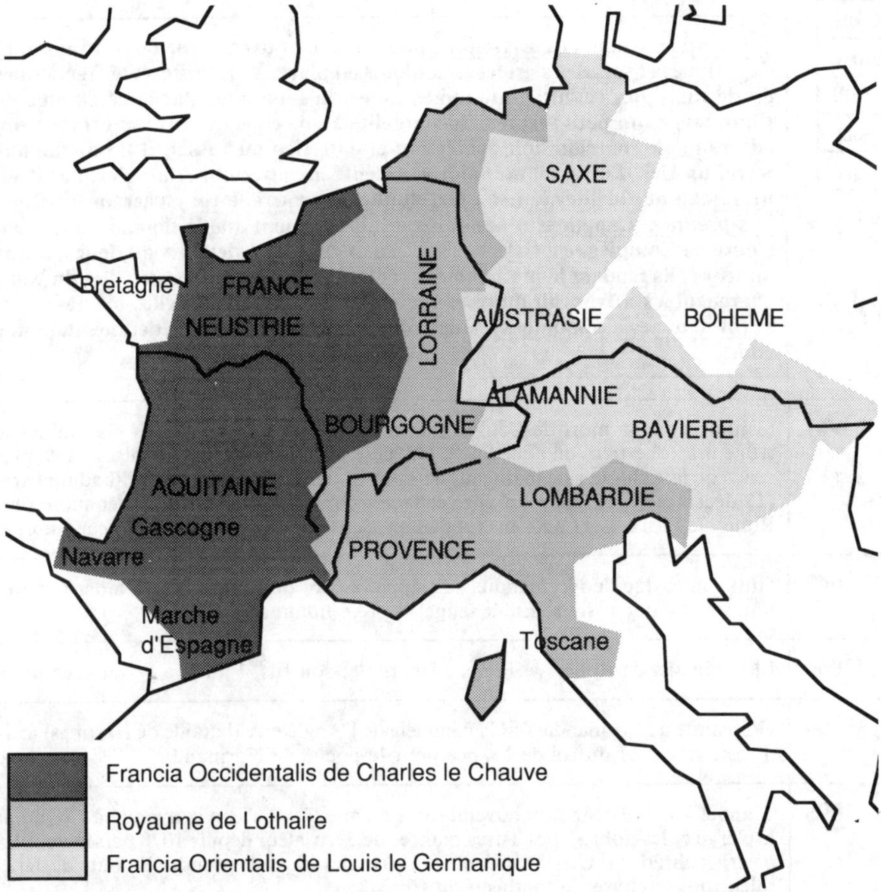

■ Les raisons d'un traité

En 841, à Fontenay en Puisaye, près d'Auxerre, a lieu la plus sanglante bataille du siècle : 40000 morts. Charles et Louis battent Lothaire qui veut succéder à son père dans la dignité impériale. En 842, à Strasbourg, devant leurs armées, ils font en langues romanes et germaniques, le serment de se prêter mutuellement assistance contre Lothaire. Effrayé par cette détermination, Lothaire traite avec ses frères. En 843 le partage déterminé par le traité de Verdun satisfait Lothaire : son « Etat-couloir » comprend Aix-la-Chapelle et il peut se parer du titre impérial...
En 855, à la mort de Lothaire, son royaume éclate entre ses trois fils... qui meurent sans héritier. Les royaumes deviennent l'objet de luttes incessantes.

Ce traité qui consacre la fin de l'empire de Charlemagne a une importance exceptionnelle. Les deux Franciae ne seront plus jamais réunies. Ces deux régions qui ne s'opposent pas en tant que nations donneront naissance à la France et à l'Allemagne. Des siècles durant, elles se disputeront le royaume auquel Lothaire a donné son nom : la Lotharingie, dont une partie donnera naissance à la Lorraine actuelle.

Les Capétiens

Quand les Capétiens arrivent au pouvoir, un nouveau type de relations politiques et sociales s'est lentement mis en place. L'autorité a été fractionnée en de multiples cellules autonomes : c'est la féodalité. Par la cérémonie de l'hommage, un petit seigneur jure fidélité à un seigneur plus important : son suzerain. Le suzerain doit protection et entretien au vassal, il lui donne une terre, un fief. Le vassal doit aide et fidélité au suzerain. Ainsi s'est construit un réseau de fidélités, au sommet duquel se trouve le roi, suzerain suprême. Les premiers Capétiens n'administrent directement que le domaine royal qui s'étire de Compiègne à Orléans. Mais en associant, de leur vivant, leur fils aîné au trône, ils rendent la monarchie héréditaire. Au XIIe siècle, les villes du Nord cherchent à s'affranchir du réseau féodal et à s'administrer elles-mêmes ; ainsi se forment des « communes »•, des villes franches aux libertés définies dans une charte•.

987 HUGUES CAPET	(3 juillet) : A la mort de Louis V, dernier Carolingien, les nobles placent sur le trône un Robertien, un abbé laïc•, Hugues, surnommé Capet en raison de la présence de la « chape » (le manteau) de saint Martin dans l'abbaye qu'il administre. (25 décembre) : Hugues fait élire et sacrer par anticipation son fils et successeur Robert le Pieux. Les Capétiens font adopter cette pratique pour asseoir leur autorité.
1047	Guillaume, duc de Normandie, fait appel au roi de France pour l'aider à mater une révolte de vassaux. En échange, il prête hommage au roi.
1060	Mort du fils de Robert le Pieux : Henri Ier ; son fils, Philippe Ier lui succède.
1066	Guillaume de Normandie fait la conquête de l'Angleterre (bataille de Hastings) mais il reste le vassal du roi de France pour le duché de Normandie.
1095	**L'appel à la croisade**. (26 novembre). Le pape Urbain II a convoqué à Clermont le clergé et les nobles. Les Turcs maîtres de Jérusalem depuis 1078 persécutent les pèlerins chrétiens. Urbain II demande aux chevaliers de prendre la route de Jérusalem pour délivrer le tombeau du Christ.
1108 LOUIS VI LE GROS	Mort de Philippe Ier ; son fils Louis VI le Gros lui succède.
1112	L'évêque de Laon est tué au cours d'une révolte menée par des bourgeois• qui réclament l'établissement d'une « commune »•.
1137 LOUIS VII	Mort de Louis VI. Avènement de Louis VII qui vient juste d'épouser Aliénor, l'héritière du vaste duché d'Aquitaine. La même année, sur l'appel de saint Bernard, Louis VII part pour la seconde croisade qui sera un échec.
1152	Louis VII répudie Aliénor d'Aquitaine qui ne lui a pas donné d'héritier. Deux mois plus tard, Aliénor (30 ans) épouse Henri Plantagenêt (19 ans), comte d'Anjou, du Maine, de Touraine, puis duc de Normandie ; il contrôle près de la moitié du royaume de France, quand, en 1154, il devient roi d'Angleterre !

LA PREMIÈRE CROISADE, 1096-1099

■ La double croisade

L'appel du pape est entendu : le pèlerin qui délivrera le Saint-Sépulcre• sera lavé de ses péchés. Dès les premiers mois de 1096, Pierre l'Ermite, prédicateur• d'Amiens, s'élance vers Jérusalem à la tête d'une imposante foule de gens du menu peuple.

Les barons prennent la route vers la mi-août quand les récoltes ont permis de constituer des provisions de voyage. Godefroy de Bouillon conduit la noblesse lorraine ; le comte de Toulouse emmène les Français du Midi ; le frère du roi dirige les chevaliers de la France du Nord.

Croisé en prière avant le départ pour la croisade

■ La longue route semée d'embûches

En octobre 1096, la croisade des petites gens de Pierre l'Ermite est massacrée par les Turcs sur la rive asiatique du Bosphore.

La croisade des barons, regroupée en avril 1096 à Constantinople bat les Turcs à Dorylée le 1er juillet 1097... En avril 1098, après sept mois de siège, elle s'empare d'Antioche dans laquelle elle est elle-même encerclée au mois de juin... Le 7 juin de l'année suivante, les croisés arrivent enfin en vue de Jérusalem...

■ La prise de Jérusalem

Les puits ont été empoisonnés, les croisés souffrent de la soif. Ils construisent des machines de siège ; le 8 juillet, ils font une procession autour de la ville. Le vendredi 15 juillet à 15 heures ils pénètrent dans Jérusalem après trois jours d'efforts. Les assiégés sont poursuivis jusqu'au temple de Salomon• « où il y eut un tel carnage que les croisés marchaient dans le sang jusqu'aux chevilles » écrit Guillaume de Tyr. Le 23 juillet, Godefroy de Bouillon est élu à la tête du royaume de Jérusalem.

☛ Commencée dans l'enthousiasme de la foi, la première croisade s'achève par un massacre. Elle a toutefois atteint son but : libérer le tombeau du Christ. Sept autres croisades suivront aux XIIe et XIIIe siècles.

Plus qu'une aventure militaire, les croisades répondent à une soif de pèlerinages. Elles permettent à des foules passives depuis des siècles d'être acteurs de l'histoire.

La monarchie féodale

Profitant de l'essor économique qui touche le royaume, Philippe Auguste affermit l'autorité royale. Grâce à sa richesse, il envoie dans ses terres des agents qu'il paye et peut révoquer : les baillis• qui représentent le roi avec d'importants pouvoirs de finance et de justice. Il exerce au maximum ses droits de suzerain suprême et oblige ses vassaux à remplir leur devoir féodal. Il essaie d'affaiblir le roi d'Angleterre, son rival le plus redoutable, en jouant sur les haines familiales. Il favorise, aux points stratégiques, la création de « communes »•, à charge pour elles de lui fournir argent et aide militaire. Quand il meurt, il a multiplié par cinq l'étendue du domaine royal.

1180 PHILIPPE AUGUSTE	Mort de Louis VII. Avènement de Philippe Auguste.
1187	Philippe Auguste apporte son soutien à Richard Cœur de Lion en lutte de ses fiefs français contre son père Henri Plantagenet, roi d'Angleterre.
1189	Richard Cœur de Lion devient roi d'Angleterre. Il part avec Philippe Auguste pour la troisième croisade. Après la prise de Saint-Jean-d'Acre en 1191, la désunion s'installe. Richard continue vers Jérusalem ; Philippe Auguste revient en France et pousse Jean sans Terre, frère de Richard à s'emparer du trône anglais.
1194	A son retour, Richard bat Philippe Auguste à Fréteval et édifie sur la Seine la forteresse de Château-Gaillard pour protéger la Normandie.
1202	**Le procès de Jean sans Terre**. A la mort de Richard (1199), Jean sans Terre accède au trône d'Angleterre et devient le rival de Philippe Auguste. Or Jean sans Terre épouse de force Isabelle d'Angoulême, fiancée de son vassal Hugues de Lusignan. Le vassal dénonce cette félonie. Selon l'usage, Jean doit se présenter devant la Cour de son suzerain. Il ne le fait pas. La Cour de Philippe Auguste prononce la confiscation des biens de Jean, « vassal félon ». Il reste à faire exécuter le jugement.
1204	Philippe Auguste prend Château-Gaillard, conquiert la Normandie, le Poitou. Il s'empare l'année suivante de la Touraine et de l'Anjou.
1206	Saint Dominique prêche en Pays d'Oc• une croisade contre l'hérésie cathare• qui affirme l'omniprésence du mal et l'absence du libre arbitre.
1208	**La croisade contre les Albigeois•**. La prédication ayant des effets jugés limités par le pape Innocent III, celui-ci appelle à une croisade plus vigoureuse. Le meurtre de son légat, Pierre de Castelnau, qui vient d'excommunier le comte de Toulouse, trop favorable aux Cathares•, annonce les opérations militaires.
1209	**Sac de Béziers**. La croisade violente et meurtrière est menée par Simon de Montfort au nom du roi de France. En 1213, Simon est maître du comté de Toulouse.
1214	**La lutte contre les coalisés.** Jean sans Terre a formé une coalition avec l'empereur Otton, les comtes de Flandre et de Boulogne. Il veut prendre en tenaille le royaume capétien. Philippe Auguste divise ses forces. Au sud, à la Roche-aux-Moines, le 2 juillet, le prince Louis, son fils, met en fuite Jean sans Terre et ses vassaux aquitains. Au nord, Philippe Auguste rencontre la coalition impériale à Bouvines.

BOUVINES, dimanche 27 juillet 1214

■ De nouveaux venus dans la bataille

Philippe Auguste dispose de 1300 chevaliers•, d'autant de sergents cavaliers et de 4000 à 6000 piétons. Les coalisés alignent quelque 1400 chevaliers• et 6000 à 8000 fantassins. Les sergents cavaliers sont issus du peuple comme les piétons qui proviennent des milices communales. Les fantassins d'Otton sont des mercenaires. La piétaille est armée de crochets pour tirer à bas de sa monture le chevalier• en le harponnant aux aspérités de son armure, de couteaux affilés pour l'égorger.

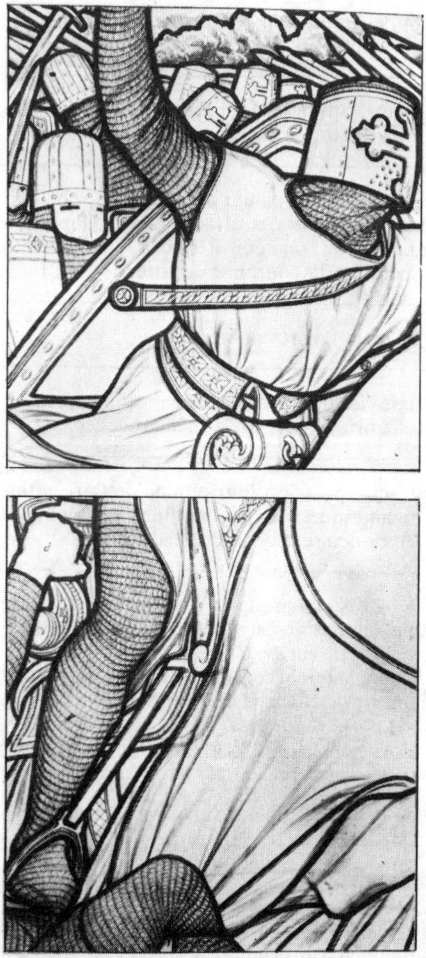

Vitrail de l'église de Bouvines

■ Les premiers contacts

Philippe Auguste ne veut pas engager le combat un jour où les chrétiens ne doivent pas se battre. A proximité de Lille, son arrière-garde est rejointe par l'armée d'Otton qui le poursuit en grand désordre. Le roi de France dispose son armée pour la bataille. A midi, Guérin lance 250 sergents cavaliers contre les chevaliers• du comte de Flandre. Ils désorganisent les rangs des Flamands qui attaquent alors en masse. Guérin envoie ses chevaliers. Bientôt le comte de Flandre est pris.

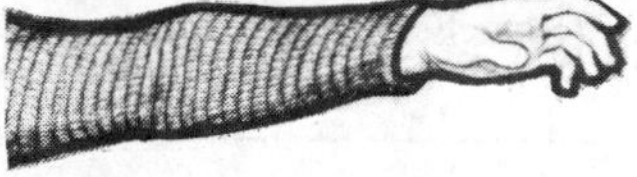

■ Le duel des rois

Entre-temps Otton a ordonné ses troupes. Il attaque. Il bouscule les milices françaises. Sa piétaille atteint Philippe Auguste, le tire à bas de son cheval avec des « crocs de fer ». Heureusement l'armure du roi résiste aux coups. Sa garde le sauve, il remonte en selle. L'action se retourne. Les chevaliers• français chargent vers Otton. Philippe Auguste blesse à l'œil le cheval d'Otton qui s'emballe avant de s'écrouler... Otton s'enfuit. Il est 5 heures. L'armée royale fait quelque 300 prisonniers « ferrés », c'est-à-dire en armure, qui seront échangés — traîtres mis à part — contre une rançon.
La victoire donne lieu à sept jours de fêtes dans tout le royaume.

☞ Bouvines, c'est le coup d'éclat qui consacre la monarchie capétienne. C'est autour du roi vainqueur la manifestation d'un certain sentiment national. C'est peut-être aussi la fin du combat de type féodal : les mercenaires n'ont que faire du code d'honneur des chevaliers•.

L'apogée capétienne

Par ses actions et par son prestige personnel, Louis IX dit Saint Louis développe plus qu'aucun de ses prédécesseurs le sentiment de respect dû au roi. Très conscient de sa souveraineté, il s'emploie à la renforcer. Il donne à ses sujets la possibilité d'en appeler à la justice royale et affirme ainsi sa primauté sur les justices seigneuriales. Il contrôle l'action des baillis• (ou sénéchaux• dans le Sud) mis en place par Philippe Auguste en envoyant les enquêteurs royaux qui entendent les plaintes de la population et répriment les abus. Il s'applique aussi à faire régner la paix tant à l'intérieur du royaume que sur ses frontières. Il impose enfin son idéal chrétien et son règne voit l'achèvement de grandes cathédrales gothiques : Reims, Chartres, Amiens.

1223 LOUIS VIII	Avènement de Louis VIII, fils de Philippe Auguste. Il conquiert la Saintonge. Il meurt en 1226 au retour d'une croisade contre les Cathares.
1226 LOUIS IX	Avènement de Louis IX. Il n'a que 12 ans. Sa mère, Blanche de Castille assure la régence• et le fait sacrer roi sans délai, à Reims, dans une cathédrale en chantier.
1229	**Traité de Meaux - Paris.** Le comte de Toulouse ne voulant pas entrer en rebellion ouverte contre le roi de France lui cède le Languedoc et offre ainsi aux Capétiens un débouché sur la Méditerranée. Le mariage du frère du roi avec la fille du comte de Toulouse permettra la réunion du comté à la couronne capétienne.
1242	A Saintes, Louis IX bat les troupes d'Henri III, roi d'Angleterre.
1244	Montségur, la citadelle où se sont réfugiés les derniers Cathares, tombe après six mois de siège. Deux cents Cathares sont brûlés vifs sur le même bûcher.
1248	La Sainte-Chapelle du palais royal est achevée. C'est le triomphe de l'art gothique. La lumière pénètre à flots par de gigantesques vitraux dans une haute nef couronnée par une voûte sur croisée d'ogives peinte d'or et de bleu profond.
	Louis IX en croisade. En août, le roi s'embarque à Aigues-Mortes avec 25000 hommes et 7000 chevaux. Il passe sept mois à Chypre, débarque en Egypte, s'empare de Damiette le 5 juin 1249. Il marche sur Le Caire quand il est fait prisonnier à Mansourah le 5 avril 1250. Libéré le 6 mai contre une rançon de 400000 livres, il reste en Terre sainte. C'est la mort de Blanche de Castille qui provoque son retour en France en juillet 1254.
1259	**Le traité de Paris**. Louis IX vient de signer la paix avec le roi d'Aragon au prix de larges concessions, quand le traité de Paris met fin à la lutte avec l'Angleterre. Louis IX restitue à Henri III le Limousin, le Quercy, la Saintonge ; il garde la Normandie, mais fait essentiel, Henri lui prête hommage pour la Guyenne•.
1270 PHILIPPE III LE HARDI	Louis IX part pour une seconde croisade. Il débarque à Tunis qu'il croyait bien plus près de l'Egypte… Le typhus emporte le roi pendant le siège. Son fils Philippe III le Hardi va régner quinze ans dans le sillage de son père.

SAINT LOUIS, 1214-1270

■ Le roi justicier

L'image du roi rendant la justice, assis sous un chêne dans les bois de Vincennes est dans toutes les mémoires. Saint Louis ordonne d'abandonner le jugement de Dieu, de rechercher des preuves raisonnables par enquête, audition de témoins. Il veut une justice égale pour tous et surveille les justices seigneuriales dont il réprime les abus : ainsi il n'hésite pas à arrêter, à juger, à condamner lourdement le sire de Coucy qui avait fait exécuter, après procès, trois jeunes gens qui avaient chassé sur ses terres. Saint Louis développe aussi les procédures d'appel.

■ Frater Ludovicus ou le roi pieux

« Tu n'es que le roi des prêtres et des clercs ! » lui dit un jour une vieille femme. Saint Louis, roi très pieux, imite le Christ dans sa vie quotidienne : il visite les lépreux, lave les pieds des pauvres, fonde des hospices (le Quinze-Vingts pour les aveugles). Il pratique le jeûne et l'abstinence. Il fait deux croisades et meurt en martyr devant Tunis « à 3 heures de l'après-midi, comme Jésus-Christ » note Joinville, son chroniqueur•. Saint Louis est canonisé en 1297.

■ Une ombre sur l'auréole

La foi de Saint Louis le conduit à l'intolérance. Ne confie-t-il pas à Joinville : « Quand on entend médire de la foi chrétienne, il ne faut la défendre qu'avec l'épée, dont on doit donner dans le ventre autant qu'elle y peut entrer. » Saint Louis protège Robert le Bougre qui chasse les sorcières dans la France du Nord et en brûle 1183 d'un seul coup à Mont-Aimé en Champagne. Saint Louis protège les inquisiteurs• du Languedoc qui éliminent méthodiquement les Cathares. Saint Louis organise de gigantesques autodafés• du Talmud, livre sacré des juifs et impose à ces derniers le port d'une « rouelle »• jaune.

Roi juste, roi de pénitence et de refus, roi dur et intraitable, le portrait est contrasté. Mais Saint Louis est aussi un roi pacifique qui préserve le royaume des horreurs de la guerre ; un roi populaire qui, par son rayonnement moral, incontestable, renforce l'autorité royale.

Saint Louis tient dans la main le signe de l'autorité royale : le sceptre orné d'une fleur de lys

Le temps des légistes

Entouré de ses conseillers les «légistes royaux» nourris de droit romain, Philippe le Bel organise l'administration royale. Les sections financières et judiciaires du Conseil royal se différencient. Une cour d'appel• centrale, le Parlement, étend son rayonnement jusqu'aux frontières du royaume. Prenant conscience de la valeur de l'opinion publique, Philippe le Bel convoque les premiers Etats généraux•. Mais les revenus du domaine royal ne suffisent plus pour administrer le royaume et payer la guerre contre l'Angleterre. Philippe le Bel a un constant besoin d'argent. Il lève des impôts directs et indirects. Il perçoit des taxes sur le clergé, ce qui provoque un violent affrontement avec le pape; il change plusieurs fois le cours et l'alliage des monnaies; il s'attaque au puissant ordre des Templiers.

1285 PHILIPPE IV LE BEL	Avènement de Philippe IV le Bel. Par son mariage il a réuni au domaine royal la Champagne, l'un des cinq grands fiefs français. Personnage énigmatique et peu bavard, il s'entoure de conseillers, petits nobles et bourgeois, les légistes, qui travaillent à établir un droit écrit valable pour l'ensemble du royaume et à faire du roi un souverain plus qu'un suzerain.
1302	**La convocation des Etats généraux•.** Pour faire approuver sa politique dans un conflit qui l'oppose au pape, Philippe le Bel convoque les «Etats» du royaume, une assemblée de quelque 1000 notables de la noblesse et de la bourgeoisie des villes. Ces Etats (réunis aussi en 1308 et 1314) donnent une audience exceptionnelle aux décisions du roi, décisions qu'ils ne peuvent qu'acclamer•. La Flandre, alliée de l'Angleterre et administrée par le roi de France depuis la bataille de Furnes (1297), se révolte. Battue à Courtrai (1302), la chevalerie française remporte en 1304 la victoire de Mons.
1303	La paix franco-anglaise de Paris restitue à Edouard Ier d'Angleterre la Guyenne• qui avait été partiellement conquise en trois étés de 1294 à 1296.
	L'attentat d'Anagni (7 septembre) : Après un premier affrontement avec le pape lors de la levée d'une taxe sur le clergé (1296), l'arrestation sur ordre de Philippe le Bel de l'évêque de Pamiers déclenche un violent conflit. Le pape Boniface VIII menace le roi de France d'excommunication•. Philippe le Bel fort de l'appui de ses Etats réclame la déposition du pape. Il va même jusqu'à le faire enlever le 7 septembre à Anagni, près de Rome. Libéré par la foule, Boniface VIII meurt peu après.
1305	**La Papauté en Avignon.** Son installation y est fortuite : le nouveau pape (Clément V) est français et les troubles agitent Rome. La cour pontificale s'installe dans le comtat Venaissin (possession du pape depuis 1299). Mais les conflits entre Italiens et Français conduisent à la scission de deux papautés, l'une à Rome et l'autre en Avignon jusqu'en 1403.
1307	Dans sa quête d'argent, Philippe le Bel s'attaque à l'ordre des Templiers.
1314	Mort de Philippe le Bel. Ses trois fils lui succèdent brièvement. Louis X le Hutin (le colérique, 1314-1316), Philippe V (1316-1322) et Charles IV le Bel (1322-1328). Ce dernier meurt sans héritier mâle, or une assemblée de notables a exclu en 1317 les femmes de la succession au trône de France. C'est la fin des Capétiens directs.

LES TEMPLIERS, 1307-1314

■ Les occupations des Templiers

Créé à Jérusalem en 1119, l'ordre des Templiers, ainsi nommé parce qu'il est installé près du temple de Salomon•, est constitué de moines soldats. Guerriers réputés, ils protègent les lieux saints et surveillent les routes de pèlerinage, édifient d'imposantes forteresses qui sont autant de lieux sûrs pour entreposer l'argent• de l'ordre. Ils deviennent ainsi des banquiers et inventent le « chèque » : un chevalier peut retirer à Jérusalem une somme versée en France, sur présentation d'un reçu revêtu du sceau des Templiers. Depuis 1291, chute du dernier port chrétien, les Templiers n'apparaissent plus que comme de puissants banquiers et leur image est dégradée : on jure et on boit « comme un templier ».

■ L'arrestation des Templiers

Le 13 octobre 1307 au petit matin, sur l'ordre de Philippe le Bel, baillis• et sénéchaux• arrêtent tous les Templiers de France. Dès le lendemain, les accusations sont rendues publiques : au cours de cérémonies d'admission qui se déroulent la nuit, les Templiers renient le Christ et crachent sur la croix. Ils adorent des idoles et se livrent à la sodomie. Un premier interrogatoire est mené par des commissaires royaux. Un deuxième par une commission de cardinaux désignés par le pape. Les Templiers avouent tout ! Ils ont été torturés, soumis à « la question »•.

■ L'élimination des Templiers

En mai 1310, au cours de leur procès, des Templiers reviennent sur leurs aveux. Déclarés « relaps• », cinquante-quatre d'entre eux sont brûlés à Paris.

En octobre 1311 un concile se réunit à Vienne sous l'autorité du pape. Le 3 avril 1312 le pape Clément V dissout l'ordre des Templiers. Leurs biens reviennent à l'ordre des Hospitaliers•. Philippe le Bel annule la dette royale envers les Templiers qui avaient depuis 1295 la garde du trésor du roi. Il fait saisir l'argent accumulé dans la centaine de commanderies• du Temple existant en France. Le grand maître du Temple, Jacques de Molay, condamné à la prison perpétuelle, étant revenu sur ses aveux, il est conduit au bûcher à Paris le 18 mars 1314.

La fin des Templiers est certainement pour Philippe le Bel le moyen de se procurer de l'argent, mais c'est aussi la suite logique de ses querelles avec Boniface VIII, sa volonté d'affirmer son pouvoir en face du pape en détruisant ce qui aurait pu devenir une véritable milice papale.

Templier en grand uniforme

La guerre de Cent Ans

Le temps des défaites

L'arrivée au pouvoir sans opposition réelle de la branche dynastique des Valois est à la fois une preuve de stabilité du pouvoir royal et la marque d'un sentiment national : au petit-fils de Philippe le Bel, Edouard, roi d'Angleterre, les barons du royaume préfèrent le neveu, Philippe de Valois. La rivalité entre les deux royaumes va s'exprimer au cours d'un long conflit qui s'étire sur 100 ans, des raids, des batailles alternant avec de longues périodes de répit. La première phase 1337-1360 est désastreuse pour la France. De lourdes défaites, la captivité du roi, le coût de la guerre provoquent en 1356 une crise de régime dans un royaume déjà lourdement frappé par la peste noire.

1328 PHILIPPE VI	Mort de Charles IV (capétien). Avènement de Philippe VI (valois).
1337	Philippe VI prononce la saisie de la Guyenne•. Edouard III, roi d'Angleterre, fait porter une lettre de défi à « Philippe de Valois qui se dit roi de France ».
1340	Edouard III détruit à l'Ecluse, en Flandre, la flotte française entassée dans l'avant-port de Brugge et s'assure ainsi la maîtrise de la Manche.
1346	**Le désastre de Crécy.** Malgré la supériorité numérique (plus de 2 contre 1), les Français sont battus. Sans reconnaître le terrain et au nom de l'honneur, les chevaliers• français se ruent en désordre sur les Anglais établis sur de fortes positions. Les Français comptent 3000 morts. les Anglais 100.
1347	**Les bourgeois de Calais.** Après onze mois de siège, six bourgeois parmi les plus riches, en « simple chemise, la hart (corde) au cou » apportent à Edouard III les clés de la ville. Seule l'intervention de la reine d'Angleterre sauvera leurs têtes. Cette même année, la peste noire atteint la France.
1350	Mort de Philippe VI. Avènement de son fils Jean le Bon (= le brave).
1356 JEAN LE BON	**Le roi prisonnier.** Le Prince Noir, fils d'Edouard, ainsi nommé à cause de la couleur de son armure, ravage le Poitou quand il se heurte au sud de Poitiers au roi Jean le Bon et à son armée. Les lourds chevaliers• français, empêtrés dans les vignes, offrent des cibles idéales aux archers anglais à l'abri des haies. Jean le Bon, blessé au visage, est fait prisonnier. Les Etats généraux•, réunis par l'héritier du royaume, le dauphin Charles, demandent la constitution d'un Conseil du roi élu avec quatre évêques, douze nobles et douze bourgeois. En 1357, ils imposent le contrôle de la perception des impôts et de la valeur de la monnaie : de 1350 à 1355 il y a eu vingt-deux dévaluations ! Sous l'action d'Etienne Marcel, prévôt des marchands, Paris se soulève contre le dauphin, mais l'alliance d'Etienne Marcel avec les Anglais indigne les Parisiens qui le tuent. Entre temps, les nobles ont écrasé en Picardie une « jacquerie », un soulèvement de paysans contre la guerre, les nobles et les impôts.
1360	**La paix de Calais.** Edouard III renonce à la couronne de France, mais il reçoit plus d'un quart du royaume : Calais, une partie de la côte picarde et tout le sud-ouest : Poitou, Limousin, Périgord et Guyenne•, sans prêter hommage au roi de France.

LA PESTE NOIRE, 1347

■ La maladie et sa propagation

La peste touche toute l'Europe. Elle a été rapportée de Crimée par des marins gênois. En France, elle apparaît fin 1347 du côté de Marseille et dure trois ans. Elle survient après trois mauvaises récoltes et frappe une population alors sous-alimentée. Elle revêt deux formes : la peste bubonique qui se caractérise par l'apparition de ganglions (bubons) gros comme des noix aux aines; la peste pulmonaire plus contagieuse qui se caractérise par des crachats sanguinolents et une incubation rapide : le malade est foudroyé en deux à cinq jours. Le rat, la puce et les malades eux-mêmes sont les agents de propagation de la peste. Mais la promiscuité, le manque d'hygiène facilitent grandement le développement de l'épidémie.

■ Les comportements de la population

Les médecins attribuent le mal à la corruption de l'air, au passage de quelque comète. Ils préconisent des saignées, des purgations, des diètes... ou la fuite ! La foule cherche des coupables et en trouve. Les juifs, accusés d'avoir empoisonné les puits connaissent des semaines de terreur. A tel point que le 4 juillet 1348 le pape Clément VI lance l'excommunication contre quiconque brutalisera un juif. 2000 mourront pourtant à Strasbourg en 1349. En Flandre, en Picardie et en Champagne, apparaissent les flagellants. Ils veulent émouvoir le ciel et fouettent leur torse nu avec des lanières de cuir renforcées par des pointes de fer. Le pape interdit bientôt ces pratiques.

■ La peste, facteur de désorganisation

La peste désorganise toutes les activités... même la guerre ! Une trêve annuelle est reconduite de 1347 à 1351. La mortalité varie d'une localité à l'autre mais globalement un homme sur trois est mort. La vie économique est bouleversée : après la récolte de 1336, le port de Bordeaux avait exporté 16557 tonneaux, après celle de 1348, les navires n'en chargent que 6000. La surmortalité a provoqué un effondrement de la main-d'œuvre et une forte hausse des salaires. Dans les campagnes, les semailles n'ont pas eu lieu et le pays connaît une terrible famine en 1349. Par manque de bras, des terres retombent en friches.

☛ Considérée par certains comme un châtiment divin, la peste noire a fait plus de victimes que n'en fera toute la guerre de Cent Ans. D'autres épidémies de peste, moins fortes, traverseront la France pendant la deuxième moitié du siècle et aggraveront le déficit démographique.

Le nombre des morts pose problème. Les premiers cadavres sont inhumés dans des cercueils, les suivants jetés dans de grandes fosses communes

PRÉHISTOIRE
ANTIQUITÉ
MOYEN ÂGE
ANCIEN RÉGIME
RÉVOLUTION
XIXe SIÈCLE
XXe SIÈCLE

La guerre de Cent Ans

Vers la guerre civile

Deux règnes bien distincts s'opposent. D'abord Charles V relève la France : l'ordre intérieur est rétabli, les mercenaires des « grandes compagnies » sont conduits à la frontière, le cours de la monnaie est stabilisé, les terres concédées au roi d'Angleterre par le traité de Calais sont reconquises. Mais en 1380, l'arrivée sur le trône de Charles VI, un roi de 12 ans, sa folie en 1392, font du pouvoir réel un enjeu que se disputent les princes de la famille royale qui s'affrontent alors au cours d'une sanglante guerre civile. La France est « partagée » entre Armagnacs et Bourguignons. Le roi d'Angleterre profite de la situation, écrase la chevalerie française à Azincourt, mais c'est son entente avec les Bourguignons qui lui livre la France au traité de Troyes en 1420.

1364 CHARLES V	Mort de Jean le Bon. Son fils, Charles V lui succède. Son second fils, Philippe le Hardi est duc de Bourgogne.
1365	**Les grandes compagnies.** Ces bandes armées sont constituées par des « routiers », des soldats sans engagement depuis la bataille de Poitiers. Ils vivent de pillages à travers le pays. Duguesclin, capitaine breton au service du roi, les conduit en Espagne où l'on se dispute le trône de Castille.
1370	Duguesclin devient connétable• de France. Abandonnant les batailles rangées, il mène avec succès contre les Anglais une guerre faite d'embuscades et de replis. A sa mort en 1380, les Anglais ne possèdent plus en France que 5 villes fortifiées : Bayonne, Bordeaux, Brest, Cherbourg et Calais.
1380 CHARLES VI	Mort de Charles V. Son fils Charles VI n'a que 12 ans. Ses oncles gouvernent jusqu'en 1388, date à laquelle il prend personnellement le pouvoir.
1392	**Le roi fou.** En traversant une forêt de la région du Mans, Charles VI est pris d'un accès de fureur : il tue quatre hommes. Ses crises sont intermittentes mais son frère, Louis d'Orléans, et ses oncles assurent conjointement le pouvoir.
1407	**Armagnacs et Bourguignons.** Le duc de Bourgogne, Jean sans Peur, fils de Philippe le Hardi, fait assassiner le duc Louis d'Orléans (frère de Charles VI). C'est le début de la guerre civile entre Armagnacs et Bourguignons. Les Armagnacs (Bernard d'Armagnac est le beau-père du nouveau duc d'Orléans) ont pour emblême un bâton noueux, les Bourguignons choisissent le rabot ! Les deux camps rivalisent d'atrocités. En 1413, aux massacres commis par les Bourguignons quand ils se rendent maîtres de Paris, répondent ceux des Armagnacs appelés au secours par le dauphin (le futur Charles VII)... Les Bourguignons reprennent la ville en 1418, au prix de nouvelles tueries. Le dauphin s'enfuit à Bourges où il prend le titre de régent.
1415	**Le désastre d'Azincourt.** Henri V, roi d'Angleterre, cherche à profiter du désordre français. A Azincourt, les lourds chevaliers• français, empêtrés dans la boue due à de fortes pluies, sont décimés par les archers anglais. Les prisonniers sont achevés sur place. Bilan français : 7000 morts.
1419	A Montereau, au cours d'une rencontre entre le dauphin et Jean sans Peur, ce dernier est abattu d'un coup d'épée. Pour venger son père, le nouveau duc de Bourgogne signe le traité de Troyes avec le roi d'Angleterre en mai 1420.

LE TRAITÉ DE TROYES 21 mai 1420

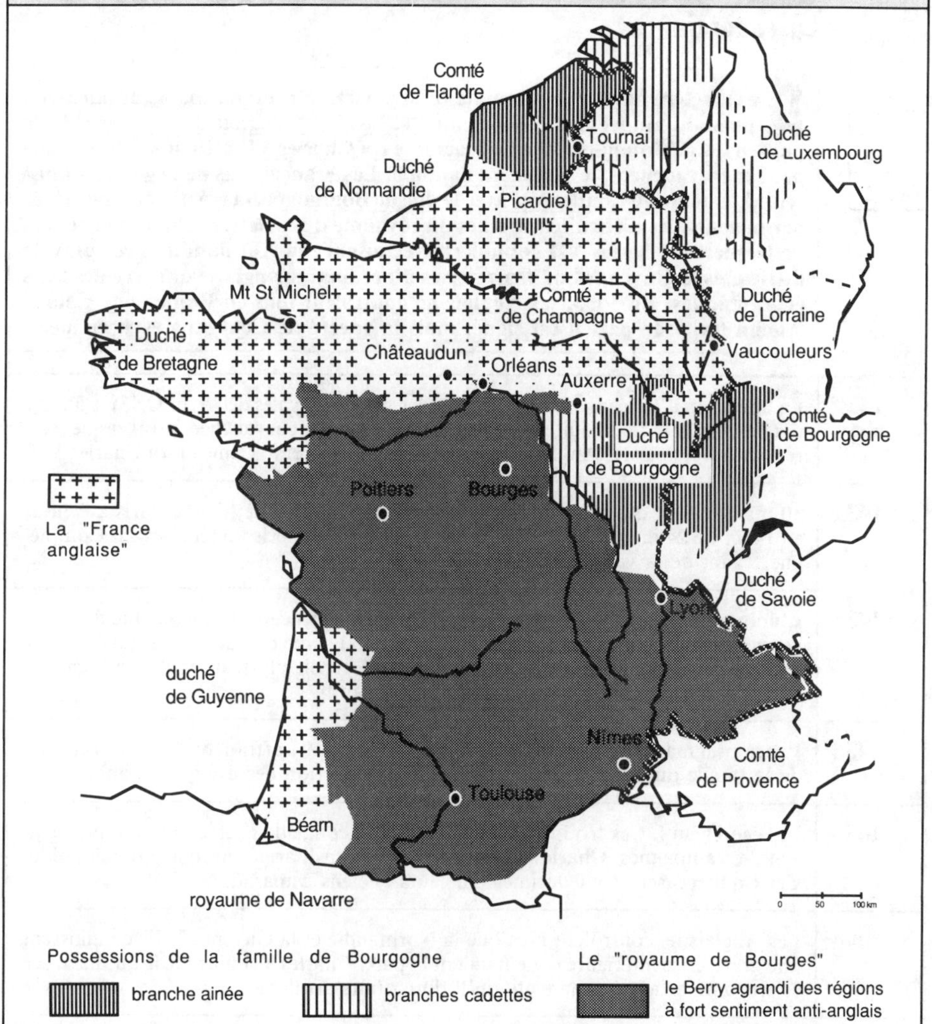

■ C'est en présence de la reine Isabeau, femme de Charles VI, que le 11 mai 1420, Henri V d'Angleterre signe le traité de Troyes avec Philippe le Bon, duc de Bourgogne. Ce texte décide que le « soi-disant » dauphin de France est déshérité en raison des « horribles et énormes crimes qu'il a commis » au profit d'Henri V qui coiffera la double couronne de France et d'Angleterre dès la mort de Charles VI.

Le traité de Troyes est l'un des moments les plus sombres de l'histoire nationale. Le partage de la France est le signe de l'effondrement de la construction capétienne. Seule l'existence du dauphin Charles qui survit à son déshéritement, empêche la disparition de la monarchie française. Le traité de Troyes marque aussi l'échec des ambitions du duc de Bourgogne qui espérait gouverner la France entière au nom du roi d'Angleterre.

La guerre de Cent Ans

La reconquête

De caractère faible et hésitant, le futur Charles VII est incapable de lancer un puissant mouvement de reconquête. Le rôle de Jeanne d'Arc, une fille de paysan est déterminant. Elle fait sacrer le roi Charles VII à Reims. Elle réveille par ses chevauchées, le sentiment national. Les Français, las de la guerre s'unissent. L'entente de Charles VII avec le duc de Bourgogne, la création d'une armée permanente, les difficultés internes du royaume d'Angleterre changent le cours de la guerre. Charles VII conquiert avec aisance la Normandie, avec plus de difficultés la Guyenne• où trois siècles d'occupation anglaise ont créé des liens économiques. En 1453, les Anglais ne contrôlent plus en France que Calais. Aucun traité de paix n'est signé, mais la guerre de Cent Ans est terminée.

1429 CHARLES VII	**La libération d'Orléans.** Jeanne d'Arc et les troupes royales délivrent Orléans assiégé par les Anglais. Le 17 juillet, au terme d'une longue chevauchée à travers des terres contrôlées par les Anglais, Jeanne d'Arc fait sacrer à Reims le roi Charles VII.
1431	30 mai. Jeanne d'Arc est brûlée à Rouen. Sa tentative de libérer Paris a échoué en 1430. Le 24 mai 1430, les Bourguignons l'ont faite prisonnière devant Compiègne, avant de la vendre aux Anglais.
1435	**L'union des Français.** Après de longues et difficiles négociations, le duc de Bourgogne conclut avec Charles VII la paix d'Arras. Le duc de Bourgogne qui est libéré de tout lien féodal à l'égard du roi de France reçoit plusieurs villes de Picardie. Peu après Paris chasse sa garnison anglaise.
1438	Par la pragmatique sanction de Bourges, Charles VII affranchit l'église française de la tutelle du pape et organise désormais l'élection des évêques et abbés.
1439	**Les écorcheurs.** Ces troupes de mercenaires en congé de guerre parcourent, ravagent les campagnes. Charles VII les incorpore dans l'armée avec une bonne solde. Ceux qui refusent sont décimés par leurs anciens camarades.
1444	Les Anglais ne contrôlent plus que la Normandie et la Guyenne•. Ils connaissent une grave crise intérieure et demandent la paix. Charles VII n'accorde qu'une trêve et crée une armée permanente qu'il dote d'une artillerie.
1450	Août. Les troupes de Charles VII achèvent la conquête de la Normandie.
1451	**Le procès de Jacques Cœur.** Cet habile marchand de Bourges a fait fortune en livrant à la Cour du roi des produits de luxe que ses vaisseaux vont chercher en Orient. Devenu « grand argentier », puis « conseiller » du roi, il est jalousé. Arrêté en 1451, il est condamné au bannissement après un procès injuste. Ses biens sont confisqués.
1453	**La dernière bataille** (17 juillet). Commencée en 1451, la conquête de la Guyenne• s'achève à Castillon, près de Libourne. De petits canons légers, les couleuvrines, déciment les Anglais qui avaient dégagé Bordeaux conquis par les Français. La Guyenne• est française, la guerre de Cent Ans terminée.

JEANNE D'ARC, 1412-1431

■ Les premières années

Jeanne naît à Domrémy vers 1412. Son père est un paysan aisé. Sa mère est très pieuse. C'est à 12 ans qu'elle entend pour la première fois des voix qui lui révèlent qu'elle doit chasser les Anglais et faire couronner le roi... En 1429, après l'avoir fait exorciser par le curé, le seigneur du village lui offre une épée et des vêtements de voyage, des vêtements d'homme. Les habitants de Domrémy payent le cheval... A Chinon, elle reconnaît le roi caché parmi les courtisans... Des théologiens, des docteurs l'interrogent, l'examinent. Elle ne sait pas lire. Elle est reconnue pieuse, vive d'esprit et vierge. Le roi décide de la mettre à l'épreuve, lui fournit une armure. Elle part pour Orléans et en revient victorieuse pour faire couronner le roi à Reims.

■ L'énigme Jeanne d'Arc

Comment une jeune paysanne affirmant avoir reçu du ciel mission de délivrer la France par les armes a-t-elle pu être prise au sérieux par le dauphin Charles ? La thèse qui en fait une bâtarde de Louis d'Orléans ne résiste pas au fait qu'en ces siècles de rançons, le roi Charles VII ne tente rien pour racheter une princesse royale prisonnière de guerre. Après trois quarts de siècle de troubles, de guerres, d'épidémies, les « inspirées » sont nombreuses et l'on raconte que la France perdue par une femme sera sauvée par une vierge ! Isabeau de Bavière a livré la France aux Anglais, Jeanne n'est-elle pas la vierge guerrière attendue ? Après Orléans, la foule se presse sur le passage de la « pucelle ».

■ Le procès

Les Anglais qui ont acheté Jeanne 10000 livres à son geôlier bourguignon, veulent prouver que c'est une envoyée du diable. Ainsi le sacre de Charles VII n'aura aucune valeur. L'évêque de Beauvais, Cauchon, dirige le procès qui s'ouvre à Rouen le 9 janvier 1431. Au terme de longs interrogatoires est dressé l'acte d'accusation. Les voix de Jeanne sont réelles mais viennent de l'enfer ; le refus de Jeanne de prendre un vêtement féminin est la preuve de son insoumission à l'Eglise. Le 24 mai Jeanne se soumet ; le 28 elle revient sur ses « aveux ». Elle est alors déclarée relaps• et le 30 mai, elle est brûlée sur la place du vieux marché à Rouen.

Sorcière condamnée par un tribunal ecclésiastique, fille du peuple incarnation du patriotisme, gloire religieuse canonisée en 1920, Jeanne d'Arc n'a cessé d'être « utilisée » jusqu'à la Seconde Guerre mondiale où la Jeanne patriote chassant l'envahisseur s'oppose à la Jeanne vichyste victime des Anglais. Dans son siècle, elle a « délié la corde qui enserrait la France » en donnant un coup d'arrêt à la progression anglaise.

Jeanne d'Arc, gravure de 1491

La restauration du pouvoir royal

Ayant pris confiance en son destin, Charles VII entreprend une œuvre de restauration du pouvoir royal que poursuivent Louis XI et Charles VIII. Par son armée permanente, le roi est craint sans avoir à demander secours aux grands féodaux. Par la perception d'impôts réguliers (taille•, aide• et gabelle•) il dispose de plus de ressources qu'aucun souverain voisin. Protecteur du commerce et des foires de Lyon, Caen et Rouen, Louis XI s'emploie à réduire les dernières révoltes féodales et, par ses acquisitions territoriales, préfigure les contours de la France actuelle. Son règne est marqué par son affrontement victorieux avec le duc de Bourgogne. Son fils Charles VIII, réunit par son mariage la Bretagne à la France.

1461 LOUIS XI	Mort de Charles VII. Avènement de son fils Louis XI.
1465	**Lutte contre les féodaux.** A Montlhéry, en juillet, Louis XI affronte les troupes de « la ligue du Bien public », constituée dès 1461 par les grands féodaux inquiets de l'autoritarisme du roi. Le sort de la bataille est indécis. C'est par la négociation et des accords séparés que Louis XI met fin au mouvement.
1468	Charles le Téméraire, nouveau duc de Bourgogne depuis 1467, fait des préparatifs militaires. Il veut envahir la Lorraine, l'Alsace et la Champagne pour réunir la Flandre à la Bourgogne. Louis XI propose la rencontre de Péronne.
1472	**Jeanne Hachette.** Le conflit entre le roi de France et le duc de Bourgogne a pour cadre la Picardie où Charles le Téméraire s'épuise dans une guerre de sièges. A Beauvais, Jeanne Lainé, fille d'artisan, repousse les assaillants avec sa hache. Surnommée Jeanne Hachette, elle sera exemptée d'impôts sa vie durant.
1475	Août. A Picquigny, au milieu d'un pont sur la Somme, coupé par une grille de bois, Louis XI rencontre Edouard IV d'Angleterre. Ce dernier, débarqué en juillet et allié de Charles le Téméraire, accepte de se retirer moyennant le paiement des frais de guerre et d'une pension annuelle. En septembre, le duc de Bourgogne demande une trêve.
1477	Mort de Charles le Téméraire devant Nancy. L'héritage bourguignon revient à sa fille Marie de Bourgogne qui épouse Maximilien de Habsbourg.
1482	**Traité d'Arras.** A la mort de Marie de Bourgogne, Maximilien abandonne à Louis XI la Bourgogne et la Picardie.
1483	Louis XI, qui a recueilli par héritage, en 1481, l'Anjou, le Maine et la Provence, laisse un enfant de 13 ans sur le trône : c'est Charles VIII. Sa fille aînée, Anne de Beaujeu assure la régence• et lutte avec succès contre les révoltes de féodaux conduites par Louis d'Orléans (futur Louis XII).
1491 CHARLES VIII	Le jeune Charles VIII, par son mariage avec la duchesse de Bretagne, réunit à la France le dernier grand fief indépendant. Il gouverne seul désormais.

LOUIS XI CONTRE CHARLES LE TÉMÉRAIRE, 1467-1477

■ Deux personnalités inconciliables

Semblables par leur puissance de travail, leur aptitude à « tromper chacun son compagnon », Louis XI et Charles le Téméraire s'opposent dix ans durant.

Louis XI

Fils de Charles VII, « petit roi de Bourges », Louis XI porte toujours des vêtements très simples et de curieux chapeaux au poil ras. Intelligent et réaliste, il a une préférence marquée pour l'intrigue, ce qui lui a valu d'être surnommé « l'universelle aragne » (araignée). Il rêve d'en finir avec la turbulence des grands féodaux. Fils du puissant duc de Bourgogne, Charles a le goût des vêtements d'apparat dans la province la plus riche d'Occident. Intelligent et courageux, il est autoritaire jusqu'à la violence, impatient de réaliser ses desseins, ce qui lui a valu d'être surnommé « le Téméraire ». Il rêve de réunir en un royaume indépendant les riches terres de Flandre à la Bourgogne.

■ Louis XI pris au piège de Péronne

Voulant convaincre le duc de Bourgogne de renoncer à la guerre, Louis XI se rend le 9 octobre 1468 à Péronne pour y négocier. Dans le même temps, Liège, en Flandre, se soulève à l'instigation du roi. Le 11, Charles le Téméraire qui a appris le complot, entre dans une violente fureur, fait fermer les portes de la ville. Le roi est prisonnier. Pour se tirer de ce mauvais pas, Louis XI accorde tout ce que lui demande le duc, l'accompagne même à Liège où il assiste à la répression. Mais en novembre l'assemblée royale de Tours déclare Louis XI « quitte et délié » de ces promesses arrachées sous la menace.

■ La fin tragique de Charles le Téméraire

Louis XI lance contre le duc de Bourgogne les Suisses et le duc de Lorraine. Vaincu à Granson en mars 1476, Charles le Téméraire est battu à Morat, en juin par une armée de « vachers » munis de piques. Fou de rage, il se retourne contre le duc de Lorraine et assiège Nancy en octobre... L'hiver est terrible... Le 5 janvier 1477 le combat s'engage contre une importante armée de secours suisse. Les mercenaires de Charles s'enfuient. Lui, part vaillamment à l'attaque... Deux jours plus tard, on retrouve son cadavre nu, dépouillé de ses bijoux, à moitié dévoré par les loups. Une vieille cicatrice a permis son identification.

Charles Le Téméraire

La mort de Charles le Téméraire met fin au rêve bourguignon. Elle assure le triomphe de Louis XI qui, usant du pouvoir de l'intelligence et de l'argent, apparaît comme le fondateur d'une monarchie d'un type nouveau.

PRÉHISTOIRE
ANTIQUITÉ
MOYEN ÂGE
ANCIEN RÉGIME
RÉVOLUTION
XIXe SIÈCLE
XXe SIÈCLE

L'attrait italien

L'Italie connaît depuis le début du xve siècle une brillante renaissance des arts. Constituée de nombreuses principautés aux tailles inégales, elle exerce une grande fascination sur les pays voisins. Les prétentions dynastiques de Charles VIII au trône de Naples, qui avait appartenu à la maison d'Anjou dont les rois de France avaient hérité en 1481, sont à l'origine des guerres d'Italie. Charles VIII et son successeur Louis XII connaissent chacun leur tour de brillants succès suivis de revers qui les obligent à abandonner leurs conquêtes. Seule la prospérité que connaît alors la France lui permet de supporter sans dommage ces guerres au cours desquelles Charles VIII et Louis XII rencontrent et embauchent des artistes italiens dont l'influence se fait sentir dans la construction des châteaux de la Loire.

1494 CHARLES VIII	Après avoir acheté la neutralité du roi d'Angleterre, du roi d'Aragon, de l'empereur Maximilien, Charles VIII entre à Florence où un moine exalté, Savonarole l'a annoncé comme l'élu de Dieu venu châtier les mœurs de l'impopulaire Pierre de Médicis que la foule a chassé par une émeute.
1495	Le roi de Naples s'est enfui en Sicile. C'est presque sans combattre que Charles VIII, qui a négocié le passage de ses troupes dans les Etats du pape, fait en février son entrée dans la ville. **« La furia francese ».** Inquiets des succès français, les Vénitiens, le pape et le duc de Milan ont formé la ligue de Venise. Charles VIII est « prisonnier » en Italie du Sud. Alors qu'il regagne la France, il se heurte à Fornoue, sur un affluent du Pô, à l'armée des coalisés : ils sont trois fois plus nombreux. La charge furieuse des chevaliers• français permet au roi de regagner la France. Mais en février 1496 le royaume de Naples est perdu.
1498 LOUIS XII	C'est alors qu'il prépare sa revanche que Charles VIII meurt sans héritier. Le duc Louis d'Orléans, arrière-petit-fils de Charles V monte sur le trône sous le nom de Louis XII. En 1499 il épouse la veuve de Charles VIII.
1501	Après avoir pris le duché de Milan en octobre 1500, Louis XII reprend Naples en juin 1501. Le roi d'Aragon ne respecte pas l'accord de partage et les escarmouches dégénèrent en guerre ouverte. En 1506, malgré les exploits individuels du chevalier Bayard, Naples devient espagnole pour des siècles.
1511	**La « Sainte Ligue ».** Après s'être servi des Français contre Venise, le pape Jules II forme contre eux la « Sainte Ligue » qui regroupe Anglais, Espagnols, Suisses et Vénitiens. Ulcéré, Louis XII veut faire déposer Jules II par un concile• réuni à Pise. Jules II réunit au Latran un concile• qui déclare les Français schismatiques•.
1514	Envahi sur tous les fronts, Louis XII accepte la paix proposée par le nouveau pape Léon X. Il cède le duché de Milan à Maximilien d'Autriche, la Navarre au roi d'Aragon, il paye un tribut aux Suisses et aux Anglais.

LE CHÂTEAU DE BLOIS, 1498-1524

■ Une aile gothique

Edifié à l'ouest de la ville sur un coteau, à l'angle de la vallée de la Loire et du vallon de l'Arrou, le château de Blois forme aujourd'hui un quadrillage incomplet au sud, entourant une vaste cour d'honneur. Louis XII qui y est né, réside là plutôt qu'à Paris. La construction de l'aile nord-est commence dès son avènement en 1498, sous la direction de Colin Biart, l'architecte du château d'Amboise; elle s'achève en 1503. Le bâtiment comprend deux étages dont l'un sous les combles. Dans ses murs de briques rouges commencent à s'ouvrir de vastes fenêtres bordées de pierres blanches qui laissent entrer la lumière. Les progrès de l'artillerie rendent en effet inutile la haute cuirasse de pierre des anciens châteaux forts. L'aile Louis XII s'inscrit dans la tradition gothique du XVe siècle.

■ Les marques de la Renaissance italienne

C'est dans la décoration que l'influence de la Renaissance italienne se manifeste avec force pour la première fois dans un édifice français. Sur la façade extérieure, une loggia• à fond bleu orné de fleurs de lis domine le portail et abrite une statue de Louis XII à cheval. Une balustrade orne le bord du toit où se dressent de belles lucarnes décorées de frontons à pinacles•. Sur la façade intérieure, des motifs décoratifs empruntés à l'Italie, des dauphins, des oiseaux, des cornes d'abondance figurent aux chapiteaux de l'élégante galerie ouverte du rez-de-chaussée. Les portes sont surmontées du symbole de Louis XII, le porc-épic couronné, avec la devise « cominus ac enimus » (de près et de loin) ; on croyait en effet que le porc-épic lançait des dards pour se défendre quand il était attaqué.

■ Le joyau de la Renaissance française

C'est vers l'aile François Ier, située au nord-ouest, édifiée de 1515 à 1524 qu'il faut chercher un des joyaux de pierre de la Renaissance française. Sur la façade de la cour d'honneur, couronnée par une balustrade et surmontée de belles lucarnes décorées de statues d'enfants, se détache le grand escalier. Il est installé dans une tour octogonale aux faces presque entièrement ajourées. Trois étages de balcons rampants s'enroulent en spirale autour de la construction. Par sa légèreté, par la délicatesse des arabesques• qui enveloppent les écussons et les emblêmes royaux, le grand escalier de Blois est un enchantement pour les yeux.

☛ Le château de Blois allie la tradition gothique française et le foisonnement de l'ornementation italienne. S'il témoigne de la vitalité et de l'influence de la Renaissance italienne, le logis royal de Blois révèle aussi l'existence d'une véritable Renaissance française, dont les caractères propres s'affirmeront dans les rêves de pierre que sont les châteaux du Val-de-Loire : Chenonceau, Azay-le-Rideau, Chambord...

Château de Blois (aile Louis XII)

PRÉHISTOIRE
ANTIQUITÉ
MOYEN ÂGE
ANCIEN RÉGIME
RÉVOLUTION
XIXe SIÈCLE
XXe SIÈCLE

Les guerres d'Italie

François Ier et son fils Henri II interviennent constamment en Italie, mais la lutte pour le duché de Milan n'est que le prétexte à un affrontement entre le roi de France et l'arrière-petit-fils de Charles le Téméraire, Charles Quint, qui a réuni à l'héritage bourguignon l'empire d'Autriche et le royaume d'Espagne. La France sort territorialement agrandie de ce long conflit dont l'enjeu est l'hégémonie européenne, le contrôle des grandes routes commerciales. La France de François Ier est celle de la Renaissance artistique. Elle est aussi celle de la fondation de l'État moderne : les actes judiciaires sont désormais rédigés en français et non plus en latin. Mais le pays est secoué par les signes avant-coureurs des guerres de religion qui ensanglanteront et diviseront la France à la mort d'Henri II.

1515 FRANÇOIS Ier	Louis XII meurt sans héritier. Son gendre et cousin François d'Angoulême règne sous le nom de François Ier. Il reprend aussitôt la guerre en Italie et remporte un brillant succès à Marignan.
1516	La « paix perpétuelle » réserve au roi de France l'engagement des redoutables soldats des cantons suisses. Le concordat de Bologne lui donne le pouvoir de nommer les évêques et les abbés.
1525	**Le désastre de Pavie.** Au « camp du drap d'or », en 1520, François Ier n'a pu obtenir l'alliance anglaise. Le conflit contre Charles Quint s'est mal engagé et c'est alors qu'il se hâte pour sauver le Milanais que François Ier est vaincu et fait prisonnier. A Pavie, les arquebuses à mèche espagnoles ont fauché la cavalerie française. Pour recouvrer sa liberté, François Ier renonce au duché de Bourgogne et à l'héritage italien. Libéré, il déclenche un second conflit au terme duquel, par le traité de Cambrai, il retrouve la Bourgogne.
1534	**L'affaire des placards.** Dans la nuit du 17 au 18 octobre, des pamphlets• sont affichés jusqu'à la porte de la chambre du roi à Amboise. Ils traitent de menteurs et blasphémateurs• le pape et « toute sa vermine ».
1539	L'édit de Villers-Cotterêts prescrit le français pour la rédaction des actes judiciaires, la tenue par les curés de registres de baptêmes et de sépultures.
1545	En Provence, 3000 Vaudois•, réputés hérétiques sont massacrés sur l'ordre du parlement d'Aix. Les survivants sont envoyés aux galères.
1547 HENRI II	Mort de François Ier. Avènement de son fils Henri II.
1552	Alors qu'il a créé dans tous les parlements du royaume des « chambres ardentes• » qui répriment l'hérésie, Henri II s'assure contre Charles Quint de l'alliance des princes protestants allemands, s'empare de Metz, Toul, Verdun.
1559	**Le Traité du Cateau-Cambrésis.** Las de la guerre, Henri II et Philippe II, fils de Charles Quint, signent la paix. La France renonce à l'Italie, retrouve Saint-Quentin perdu après une lourde défaite en 1557, conserve Calais enlevé aux Anglais en 1558 et les trois évêchés de 1552 non mentionnés dans le traité.

MARIGNAN, 13-14 septembre 1515

■ Toute une armée sur un chemin muletier

A 20 ans, François Ier brûle de reconquérir le Milanais. Il achète la neutralité d'Henri VIII d'Angleterre, s'assure de celle de Charles d'Autriche, s'allie avec Venise et fait fondre la vaisselle d'or de Louis XII, ce qui lui procure de quoi louer le service de mercenaires allemands. Mais les Suisses sont massés au débouché des deux grands passages alpins. C'est alors qu'un montagnard signale un passage muletier, une série de défilés qui grimpent à près de 2000 mètres. Des sentiers doivent être élargis, des ponts construits. En cinq jours, du 15 au 20 août, toute une armée (infanterie, cavalerie et artillerie) franchit les Alpes par ce chemin.

■ Toutes les forces en présence

C'est à Marignan, non loin de Milan, dans une vaste plaine sans relief coupée de fossés et de rizières marécageuses que François Ier dispose son armée. Il a sous ses ordres 10000 Français, 20000 mercenaires allemands, 3000 cavaliers et une artillerie importante au bronze résistant : 72 pièces de grosse artillerie et 3000 pièces légères. Du côté italien sont réunis 45000 cavaliers et 20000 Suisses que leurs longues piques, qui désorganisent les charges de cavalerie, ont rendu célèbres.

■ Toute une nuit « le cul sur la selle, la lance au poing »

Le 13 septembre à 4 heures de l'après-midi, les Suisses chargent avec fureur pour s'emparer de l'artillerie française et la retourner contre l'adversaire. L'avant-garde française recule mais François Ier contre-attaque. La mêlée est confuse. Les armées sont enchevêtrées lorsque le brouillard et la nuit font cesser le combat. François Ier reste selon ses dires « le cul sur la selle, la lance au poing » et étire son armée pour lui donner une plus grande puissance de feu. Il envoie un message aux Vénitiens... A 4 heures du matin, le combat reprend. L'aile gauche des Français est enfoncée quand vers 8 heures, surgit la cavalerie vénitienne... L'artillerie française décime alors les Suisses. A 11 heures, l'arrivée de l'infanterie vénitienne provoque la retraite des Suisses que la charge de la cavalerie française transforme en carnage. Sur 16000 tués, près de 14000 sont Suisses.

☛ Célébrée comme une victoire de la chevalerie française, la bataille de Marignan témoigne de l'importance nouvelle de l'artillerie. Elle permet à François Ier de commencer son règne par un signe éclatant, d'asseoir son autorité, de remporter de grands succès diplomatiques : en 1516 il signe avec les Suisses la « paix perpétuelle », avec le pape Léon X « le concordat de Bologne ».

Au soir du 14 septembre, François Ier se fait armer chevalier par Bayard

Les guerres de Religion

Pendant près de 40 ans, la France connaît une guerre civile continue. Entre catholiques et protestants, entre papistes et réformés. Dégoûtés par les « coupables dérèglements » de l'Église, rejetant la vénération de la vierge et des saints, les protestants pratiquent un culte dépouillé qui privilégie la foi et la prière. Avec l'imprimerie, la pensée de Luther et de Calvin, précurseurs de la Réforme, suit les grands axes de circulation « comme une épidémie ». En 1559 la France compte plus de 2000 cercles de réformés• ; une fraction importante de la noblesse a adhéré à la Réforme. François II (15 ans) et Charles IX (10 ans), mineurs, laissent le pouvoir à Catherine de Médicis qui fait alterner les périodes de répression et de tolérance avant de déclencher en août 1572 les massacres de la Saint-Barthélemy.

1559 FRANÇOIS II	Henri II meurt au cours d'un tournoi. Son fils François II lui succède.
1560 CHARLES IX	Mars. Les chefs du parti protestant projettent d'enlever le roi pour le soustraire à l'influence catholique de la puissante famille des Guise. Le complot est déjoué, ses chefs pendus aux créneaux du château d'Amboise. Décembre. François II meurt sans héritier. Son frère Charles IX lui succède.
1561	**Le colloque de Poissy.** A l'initiative de Michel de l'Hospital, chancelier• du royaume, douze pasteurs protestants exposent leur doctrine devant l'assemblée du clergé de France. Au lieu de s'apaiser, les haines religieuses s'enveniment.
1562	Janvier. Les protestants obtiennent le droit de pratiquer publiquement leur culte. Le 1er mars, à Vassy, en Champagne, le duc de Guise massacre des protestants qui célèbrent leur culte dans une grange. Les guerres de Religion commencent. Les protestants s'assurent l'appui de l'Angleterre et de l'Allemagne... Les catholiques reçoivent des secours d'Espagne. Le 19 mars, l'édit• d'Amboise met fin à cette première guerre.
1565	Un édit• fixe le commencement de l'année au 1er janvier. Jusque-là, elle commençait la veille de Pâques.
1567	A Meaux, les protestants tentent de prendre en otage le jeune roi Charles IX... Catherine de Médicis et le roi se réfugient à Paris. A Saint-Denis en novembre, les catholiques victorieux perdent leur chef militaire. Le manque d'argent, les rigueurs de l'hiver amènent la signature de la paix de Lonjumeau en mars 1568.
1570	**Le traité de Saint-Germain.** L'attitude antiprotestante de Catherine de Médicis, le renvoi de Michel de l'Hospital qui modérait cette attitude, entraînent une guerre plus violente que les précédentes (1568). Battus en mars à Jarnac, en octobre à Montcontour, les protestants perdent leur chef le prince de Condé. C'est Henri de Béarn, roi de Navarre qui prend leur tête. Ne pouvant les éliminer, Catherine de Médicis conclut avec eux la paix de Saint-Germain. Elle leur accorde pour deux ans quatre places fortes : La Rochelle, Cognac, Montauban, La Charité.
1572	24 août. Le massacre de la Saint-Barthélemy est déclenché.

LA SAINT-BARTHÉLEMY, 24 août 1572

■ Les circonstances d'un massacre

En septembre 1571, l'amiral Coligny est entré au conseil du roi. Il réclame l'ouverture d'une guerre contre l'Espagne de Philippe II. Le 18 août 1572, toute la noblesse protestante est à Paris : le roi de Navarre épouse, sans assister à la messe, la sœur du roi, Marguerite de Valois. Le 22 août Coligny est blessé d'un coup d'arquebuse. Le roi prescrit une enquête... Catherine de Médicis qui a monté le guet-apens pour soustraire son fils à l'influence de Coligny, avoue tout au roi, puis le convainc que si les princes protestants réunis au Louvre ne sont pas exterminés, il y a péril pour sa vie, pour le pouvoir. Charles IX cède. Seuls seront épargnés Henri de Navarre et le jeune prince de Condé, s'ils abjurent la foi protestante.

■ La rage de tuer

A l'aube du dimanche 24 août 1572, dans un Paris où l'on a pris soin de fermer les portes de la ville, l'amiral de Coligny, un des chefs protestants est assassiné chez lui, son corps jeté par la fenêtre. Le glas retentit. C'est le signal. Des hommes, croix blanche au chapeau, écharpe blanche en sautoir, massacrent les protestants. Aux deux cents nobles tués aux abords du Louvre, s'ajoutent les cadavres de quelque 2700 anonymes, hommes, femmes et enfants assassinés au hasard des rencontres. Les flots rougis de la Seine charrient des cadavres. Le corps de Coligny est dénudé, émasculé, jeté dans la Seine, pendu par les pieds. Les pillages s'ajoutent aux massacres. La fureur aveugle ne cesse que le soir. Henri de Navarre et le prince de Condé ont été épargnés : ils ont abjuré.

■ Les Saint-Barthélemy de province

L'historien Michelet a écrit : « La Saint-Barthélemy n'est pas une journée, c'est une saison. » A la nouvelle des événements parisiens, des groupes de fanatiques massacrent les protestants de province. A Orléans, 1200 protestants exécutés en trois jours. A Rouen, du 17 au 20 septembre, ils sont égorgés dans les prisons où l'évêque les avait enfermés pour les protéger. Bourges, Lyon, Troyes sont touchées. Dans les villes du Midi, des exécutions systématiques ont lieu en octobre : le 3 à Bordeaux (300 morts), les 5 et 6 à Gaillac, Albi, Rabastens, Toulouse (150 morts). Au total il faut dénombrer en province près de 27000 victimes.

☛ Massacre avec préméditation dans une guerre civile où les cruautés des uns répondent aux atrocités des autres, la Saint-Barthélemy est d'autant plus un crime inutile qu'elle n'atteint pas son but : loin d'anéantir les protestants, elle leur donne l'occasion de cimenter leur unité, de créer dans le Midi qu'ils contrôlent une sorte de « république protestante ».

Bois gravé de l'époque

La France divisée

Le règne d'Henri III est pour la France celui de la division. La politique royale qui fait alterner les périodes d'autorisation et d'interdiction du culte protestant exacerbe les passions des clans en présence. Or, en 1584, Henri de Navarre, chef des protestants, devient le successeur légitime au trône. Le royaume, économiquement exsangue, sombre dans le chaos politique. La monarchie se heurte aux menées de la Ligue catholique des Guise et connaît lors de la journée des Barricades, en mai 1588, sa crise la plus grave avant la révolution de 1789. Le fanatisme règne en maître sur les esprits. Et c'est une France déchirée qu'Henri III, assassiné par un moine, laisse à Henri de Navarre.

1574 HENRI III	Mort de Charles IX. Son frère Henri III lui succède.
1576	En réponse à la paix de Beaulieu qui vient de clore une reprise des guerres de religion et qu'ils jugent trop favorable aux protestants, les catholiques décident de s'unir en une Sainte Ligue pour la défense de la religion. Les Guise en sont les dirigeants. Cette même année, Henri de Navarre s'enfuit de la Cour où il était retenu et abjure le catholicisme qu'on lui avait imposé à la Saint-Barthélemy.
1584	**Les trois Henri.** Henri III n'a pas d'enfant. Son frère meurt. C'est Henri de Navarre qui devient l'héritier légitime du trône de France. La noblesse et la Ligue catholique lui opposent Henri de Guise.
1587	Henri de Navarre bat à Coutras l'armée royale catholique. Henri de Guise bat à Montargis les troupes suisses et allemandes venues épauler les protestants français.
1588	**La journée des Barricades.** Grisé par ses victoires Henri de Guise songe à détrôner Henri III qui lui interdit l'entrée de Paris et fait appel à 6000 gardes suisses pour parer à l'éventualité d'un coup de force. La Ligue déclenche l'émeute. Le 13 mai, Henri III doit quitter en secret le Louvre encerclé par la foule et les ligueurs. **L'assassinat d'Henri de Guise** (23 décembre). A l'occasion des Etats généraux réunis à Blois, Henri III convoque le duc de Guise et le fait assassiner par sa garde personnelle. Le lendemain, c'est le tour de son frère le cardinal de Guise. « A présent je suis roi ! » s'écrie alors Henri III. A Paris, le conseil des Seize (16 quartiers) qui dirige la ville prononce la déchéance du roi, nomme le duc de Mayenne (encore un Guise !) lieutenant général du royaume.
1589	**L'assassinat d'Henri III** (1er août). Sommé par le pape de se rendre à Rome pour se disculper de l'accusation d'assassinat, Henri III s'est rapproché d'Henri de Navarre. Leurs armées mettent le siège devant Paris. C'est là, à Saint-Cloud, qu'un moine dominicain exalté, Jacques Clément, prétextant la remise d'un document secret, tue Henri III de deux coups de poignards avant d'être massacré par la garde.

LA FRANCE RELIGIEUSE, 1559-1598

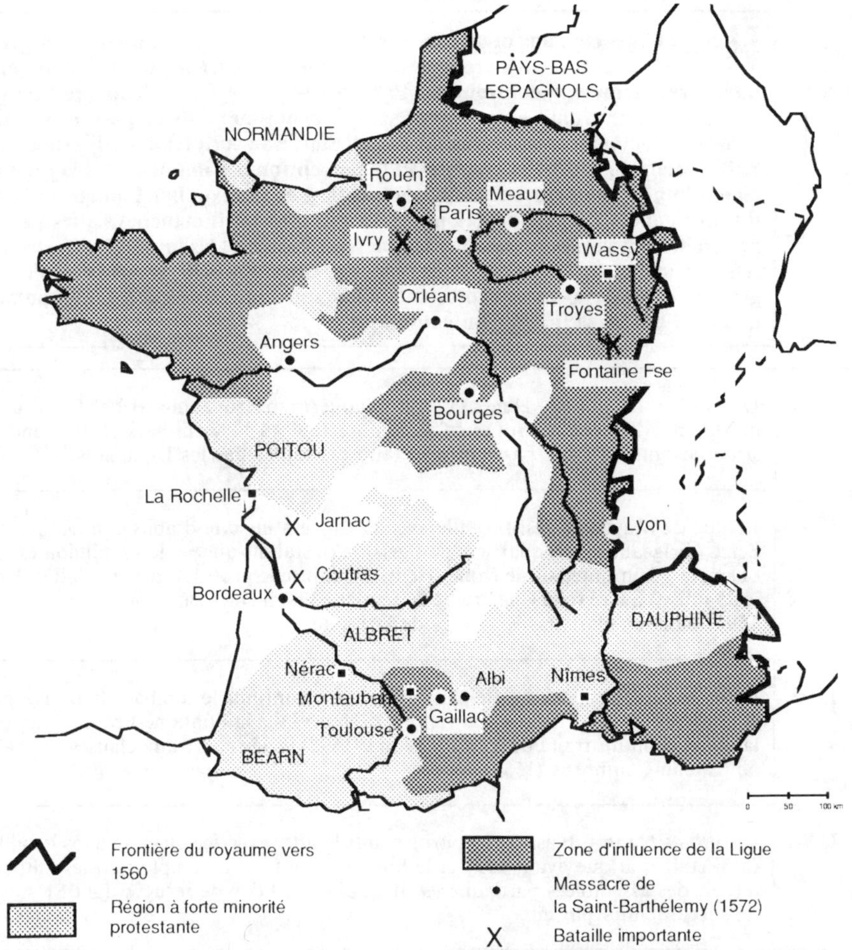

■ Les protestants

Au lendemain de la Saint-Barthélemy, ayant perdu confiance dans le roi, le parti protestant se donne un gouverneur général et protecteur des églises réformées•, organise des Etats provinciaux et des Etats généraux• sur les territoires qu'il contrôle, y lève des impôts, y entretient une armée permanente. Cet Etat protestant s'organise autour de deux capitales, Nîmes et Montauban, et d'un port, La Rochelle.

■ La Sainte Ligue

Créée en 1576, la Sainte Ligue est avant tout antiprotestante, mais elle a aussi un programme politique, elle veut obliger le roi à gouverner avec les Etats généraux... Après avoir essayé d'en être le chef, Henri III s'oppose violemment à la Ligue en 1585. L'assassinat du duc de Guise sur ordre du roi, l'arrestation des autres chefs ligueurs font basculer Paris et la plupart des provinces dans une lutte ouverte avec Henri III qui ne contrôle plus alors que le Val-de-Loire... L'alliance avec son successeur légitime, Henri de Navarre, s'impose à lui.

La paix retrouvée

Henri IV met cinq ans pour conquérir son royaume. Sa grandeur est d'avoir rétabli la paix civile et religieuse et d'avoir restauré le pouvoir monarchique. Avec fermeté, il contraint les Parlements à enregistrer l'édit• de Nantes, courageux compromis entre catholiques et protestants, mais qui accorde aux réformés la constitution d'un Etat dans l'Etat. Son surintendant des finances, Sully, rétablit l'ordre des comptes et la perception des impôts, dote la monarchie d'importantes ressources par la création de la taxe, la « Paulette ». Mais il faut nuancer l'image de « la poule au pot tous les dimanches » : les petites propriétés paysannes ruinées par les guerres, l'usure et les impôts indirects passent aux mains des laboureurs et des gens des villes. En 1610, Henri IV va s'engager aux côtés des princes protestants allemands dans une guerre impopulaire quand il est assassiné par un catholique.

1589	Devenu roi de France, Henri IV doit conquérir son royaume. Il bat les troupes du duc de Mayenne à Arques en septembre 1589, à Ivry en mars 1590. Il met le siège devant Paris qui parvient à se faire ravitailler par les Espagnols.
1593 HENRI IV	Le duc de Mayenne s'est brouillé avec la Ligue à la suite d'abus commis par les Seize (dirigeant les 16 quartiers de Paris). Constatant que seule sa religion est un obstacle à sa montée sur le trône, Henri IV abjure le protestantisme à Saint-Denis le 25 juillet. Sacré roi à Chartres le 26 février 1594, il entre sans combat, le 22 mars 1594, dans un Paris las des excès de la Ligue.
1595	Philippe II d'Espagne, appelé par les Ligueurs, continue le combat : la Bourgogne et la Picardie sont envahies. La victoire d'Henri IV à la Fontaine-Française amène la conclusion du traité de Vervins (2 mai 1598) et le retour aux clauses du traité de Cateau-Cambrésis (1559).
1598	**L'édit• de Nantes.** Il assure aux protestants le libre exercice du culte dans les villes où il était pratiqué avant 1597 et le libre accès à tous les emplois. Il les autorise à tenir des assemblées particulières. Il établit 151 lieux de refuges dont 51 places de sûreté tenues par eux.
1602	Henri IV n'a de cesse d'asseoir son autorité face aux autonomies municipales et aux grands nobles. Cette année-là, Limoges révoltée contre un nouvel impôt indirect voit modifier par le roi sa constitution municipale. Le maréchal Biron, gouverneur de Bourgogne, s'estime mal récompensé des services rendus ; avec l'aide de l'Espagne, il complote contre Henri IV. Il est arrêté, jugé, et exécuté le 29 juillet.
1604	**La « Paulette ».** Les offices, charges de justice ou de finances s'achetaient. Moyennant une taxe annuelle inventée par Charles Paulet, égale au soixantième de la valeur de la charge, celle-ci devient héréditaire. Cette taxe qui offre à la monarchie d'importantes ressources, lui attache le corps des officiers.
1610	14 mai. Henri IV est assassiné par Ravaillac.

L'ASSASSINAT D'HENRI IV, 14 mai 1610

■ Le roi sans escorte

14 mai, 16 heures. Paris se prépare à fêter Marie de Médicis, la nouvelle reine de France. Henri IV se rend en carrosse chez Sully, surintendant des finances. Il a renvoyé sa garde. Le duc d'Epernon est assis à ses côtés. Rue de la Ferronnerie le passage est obstrué par deux charrettes. Le carrosse rase les façades. Un homme surgit, prend appui sur un rayon de la roue arrière, frappe le roi à la poitrine avec un grand couteau. Le meurtrier est aussitôt arrêté. Le carrosse retourne au Louvre. Le rapport d'autopsie signale une plaie au côté gauche entre aisselle et mamelle, une autre plus bas, pénétrant la poitrine qui est pleine de sang. A 18 h 30 le parlement de Paris proclame régente Marie de Médicis. Louis XIII a 9 ans.

■ La recherche du mobile

Le tueur est un homme de 30 ans originaire d'Angoulême où il est maître d'école et vit seul avec sa mère. Il est venu à pied à Paris, en huit jours, il s'appelle Ravaillac. Interrogé du 16 au 19 mai, torturé le 25, il n'avoue aucune complicité. Bon catholique, nourri de pamphlets exaltant Jacques Clément, le moine assassin d'Henri III, il a entendu dire qu'Henri IV voulait faire la guerre au pape et préparait une Saint-Barthélemy des catholiques. En fait Henri IV inquiet d'une prochaine intervention de l'empereur d'Autriche au-delà du Rhin, se prépare à entrer en guerre fin mai aux côtés des princes protestants contre l'Autriche et l'Espagne catholiques.

■ Le supplice du régicide

Depuis qu'Henri IV est devenu le dauphin d'Henri III, de nombreux textes, à Paris et à Rome, vantent le courage d'hommes qui veulent tuer le tyran et sont prêts à s'exposer à la mort pour sauver la multitude. De 1590 à 1610, pas moins de vingt personnes dont une femme et trois moines, ont vainement tenté de le tuer. Le châtiment de Ravaillac est exemplaire. Soumis une dernière fois à la question•, le régicide ne parle pas. Le bras qui a frappé le roi est plongé dans du souffre en feu. Son corps est tenaillé, du plomb fondu, de l'huile et de la résine bouillantes sont versés sur les plaies. Après une pause pour qu'il « se sente mourir » en « distillant son âme goutte à goutte », Ravaillac est écartelé. Son corps démembré est brûlé.

L'assassinat d'Henri IV : Ravaillac s'est bien aidé de la roue pour se hisser et porter au roi les coups mortels.

☛ L'assassinat d'Henri IV fait entrer dans la légende le roi le plus populaire qu'ait eu la France depuis longtemps, mais il rompt un équilibre précaire et amène au pouvoir Marie de Médicis, la catholique, qui conduit une politique extérieure opposée à celle imaginée par son époux.

La monarchie bicéphale

Dix-huit ans durant, de 1624 à 1642, le règne de Louis XIII est marqué par l'étroite association du roi avec son ministre, le cardinal de Richelieu qui assure la réalité du pouvoir. Richelieu a le souci constant de la « majesté du roi » et de « la grandeur du royaume ». Usant de la force, il oblige les protestants à reconnaître l'autorité du roi très chrétien, démantèle leur « État dans l'État » mis en place par l'édit• de Nantes mais leur laisse leur liberté de culte. Usant de la force, il inculque à la noblesse, en qui il reconnaît « un des nerfs principaux de l'Etat », les notions d'obéissance et de service du roi. Conscient que la puissance française est due plus au chiffre de sa population qu'à son ingéniosité technique et commerciale, il essaie de développer le commerce, crée une marine nationale. Par ailleurs, il engage contre la maison d'Autriche une guerre qu'il est sur le point de gagner quand il meurt en 1642.

1614	Marie de Médicis gouverne depuis 1610 sous l'influence de deux aventuriers italiens, Léonora Galigaï, sa sœur de lait et le mari de celle-ci, Concini. Sous la pression des nobles dont elle a pourtant tenté d'acheter la docilité par l'attribution de pensions, Marie de Médicis convoque les États généraux•. Le Tiers État réclame l'abolition des pensions qui vident le trésor ; le clergé et la noblesse s'opposent à toute réforme. Les États sont impuissants.
1617 LOUIS XIII	Le jeune Louis XIII fait assassiner Concini par le capitaine de ses gardes.
1620	Louis XIII roi de France et de Navarre veut rétablir en Béarn la religion catholique. Ce qui déclenche une guerre qui s'achève en 1622.
1624	Le 13 août, Richelieu devient le chef du conseil du roi où il est entré en avril.
1627	**Le siège de La Rochelle.** Les protestants ont aidé les Anglais à occuper l'île de Ré. Par une ligne de fortifications de 17 km, Richelieu isole La Rochelle et boucle l'accès par la mer. Après un an de siège, la ville tombe le 28 octobre 1628. La paix de grâce d'Alès conserve aux protestants leurs garanties civiles et religieuses, mais leur enlève leurs places fortifiées.
1630	**La journée des Dupes** (11 novembre). Au moment où l'on croit que Richelieu va succomber à l'hostilité de Marie de Médicis, le roi confirme son pouvoir.
1635	La France déclare la guerre à l'Espagne. Partis des Pays-Bas, les Espagnols envahissent la Picardie, prennent Corbie (1636), menacent Paris. Les Français réagissent, reprennent Hesdin, Bapaume et Arras (1640). Mais l'impôt royal doublé ou triplé par les exigences de la guerre provoque la révolte des croquants• entre Loire et Garonne, celle des va-nu-pieds• en Normandie.
1642	Après le duc de Montmorency en 1632, Richelieu fait exécuter un confident de Louis XIII, le marquis de Cinq-Mars, qui s'est rendu coupable de conspiration et qui projetait de l'assassiner. Richelieu s'éteint le 4 décembre.
1643	14 mai. Mort de Louis XIII.

LE CARDINAL DE RICHELIEU, 1585-1642

La conquête du pouvoir

Armand Jean du Plessis naît à Paris en 1585. Il est le troisième fils d'une famille de petite noblesse. L'évêque de Luchon, son frère, se faisant moine, il se fait ecclésiastique pour conserver à la famille l'évêché « le plus crotté » de France. C'est un brillant cavalier, un jeune homme ambitieux qui est consacré évêque en 1607. Aux États généraux de 1614, il se distingue en présentant le cahier général du clergé. Il est alors nommé aumônier de la reine mère. C'est elle qui le fait entrer au conseil du roi en avril 1624. Quatre mois lui suffisent pour en devenir le chef. Son habileté consiste à se mettre en lumière : il n'hésite d'ailleurs jamais à recourir aux services de libellistes• à gages pour soigner son image de marque.

Le « grand orage » ou la journée des Dupes

1630. La France est secouée par la peste, la disette et des révoltes populaires. Le 10 novembre, dans ses appartements au palais du Luxembourg, Marie de Médicis hostile à la politique anti-espagnole de Richelieu, réclame sa disgrâce au roi. Le cardinal survient par une porte dérobée donnant sur la chapelle. La scène devient violente. Marie de Médicis se déchaîne, Richelieu se jette en pleurant aux pieds du roi, qui blême et muet, quitte les lieux sans un regard pour son ministre. La nouvelle se répand comme une traînée de poudre. Le 11, Richelieu qui songe à fuir, est convoqué par le roi. Se croyant perdu il se jette aux pieds de Louis XIII qui le relève, l'embrasse, le confirme dans ses fonctions. Ceux qui ont provoqué « l'orage » sont arrêtés. Marie de Médicis s'exile à Bruxelles. C'est la journée des Dupes.

La main de fer de l'homme en rouge

Le cardinal de Richelieu fascine par son obstination à « rendre le roi absolu en son royaume », à mettre tous ses sujets dans « la règle commune », à « fermer la porte à la pitié » dès qu'il s'agit de rebellion à l'autorité royale. Grand démolisseur de châteaux forts privés, il n'hésite pas à faire exécuter le comte de Boutteville qui s'est battu en plein Paris, par bravade, au lendemain d'un édit• interdisant les duels. Il dirige d'un œil sec la répression des révoltes populaires contre les « crues » de l'impôt. Il maintient l'ordre en province par l'envoi des « intendants de justice, police et finances », commissaires royaux temporaires dotés des pleins pouvoirs au nom du roi.

Richelieu dans son habit rouge de cardinal

Restaurateur du pouvoir royal, grand serviteur de l'État, Richelieu est plus un homme politique pragmatique, réaliste qu'un théoricien de la monarchie absolue. Par son action, par la création des intendants• qui vont devenir l'une des plus efficaces institutions des XVIIe et XVIIIe siècles, il engage le pays dans la voie qui fera de la France un État moderne.

La monarchie absolue

Louis XIV n'oubliera jamais que la Fronde, crise ultime d'une société qui ne parvient pas à accepter la toute-puissance royale, l'a chassé, encore enfant, de Paris en 1649. Sérieux, réfléchi, robuste, travailleur infatigable, il instaure, il incarne la monarchie absolue de droit divin. Comme Versailles et la Cour s'ordonnent autour de la chambre du roi, les rouages gouvernementaux s'agencent autour d'un monarque, seul maître après Dieu dans son royaume. De grands commis issus de la bourgeoisie l'assistent dans son dessein : Colbert aux finances, Louvois aux armées, Vauban aux fortifications. Au-dehors, Louis XIV assure à la France l'hégémonie européenne. Au-dedans, il crée une monarchie administrative bien servie par les intendants, agents révocables et dévoués au pouvoir central. Il agrandit le territoire national dont il fortifie les frontières. Colbert développe les manufactures•, le commerce et la marine. L'ordre règne dans la France de Louis le Grand pourtant traversée par des révoltes dans le Boulonnais, le Béarn, le Vivarais, en Guyenne et en Bretagne, contre des taxes destinées à combler le déficit du budget dû aux guerres continuelles.

1643	Mort de Louis XIII. Son fils Louis XIV a 5 ans. Sa mère Anne d'Autriche assure la régence. Elle appelle à son service le cardinal Mazarin, recommandé par Richelieu avant sa mort.
1648	Le traité de Westphalie clôt le conflit avec l'Espagne et accorde à la France Metz, Toul et Verdun (occupés depuis 1552 !) et des villes d'Alsace.
LOUIS XIV	**La Fronde.** A une fronde du Parlement de Paris qui veut contrôler la monarchie et qui oblige la reine et le jeune Louis XIV à fuir Paris de nuit en janvier 1649, succède une fronde des princes qui avaient aidé à la répression de la fronde parlementaire. Les frondeurs sont désunis. L'anarchie s'installe. Mazarin, durement attaqué par tous, quitte la France. Le roi est proclamé majeur le 7 septembre 1651, cela provoque de nombreux ralliements. Un frondeur repenti, Turenne, mène les troupes royales contre Condé, passé aux Espagnols. En octobre 1652, le roi acclamé revient à Paris. Mazarin l'y rejoint en février 1653.
1659	La victoire de Dunkerque et le traité des Pyrénées mettent fin à la guerre avec l'Espagne. La France obtient l'Artois et le Roussillon. Louis XIV épouse une fille du roi d'Espagne mais renonce à la succession espagnole.
1661	Mazarin meurt le 9 mars. Le 10, Louis XIV réunit les ministres et leur annonce sa décision de gouverner désormais seul.
1665	Philippe IV d'Espagne meurt. Louis XIV réclame les Pays-Bas espagnols qu'il fait occuper. Hollandais, Anglais et Suédois le contraignent par la paix d'Aix-la-Chapelle (1668) à se contenter d'une douzaine de places dont Lille et Douai.
1672	Louis XIV envahit la Hollande qui l'a contraint à la paix en 1668 et dont la puissance commerciale gêne la France. La Hollande organise une coalition avec l'Autriche, l'Espagne et des princes allemands. L'armée de Turenne garde l'avantage. Par le traité de Nimègue (1678) l'Espagne cède à la France la Franche-Comté et plusieurs villes des Pays-Bas espagnols.
1681	Persuadé que rien ne s'oppose à ses volontés, après avoir annexé la Sarre, le Luxembourg, Louis XIV réunit à la France Strasbourg et l'Alsace.

LA COUR À VERSAILLES

■ Un cadre grandiose

Commencés dès 1661, les travaux durent plus d'un demi-siècle et réunissent sur le chantier jusqu'à 36000 hommes et 6000 chevaux. Les architectes Le Vau et Mansart, le peintre Le Brun et le jardinier Le Nôtre s'emploient à faire de l'ancien pavillon de chasse de Louis XIII un palais où la démesure s'ordonne pour célébrer la monarchie absolue. La chambre du roi qui occupe une position centrale domine la cour de Marbre vers laquelle convergent les rues de la ville qui s'élève en face du château. Côté jardin, trois perspectives ouvertes dans un parc de 17000 hectares agrémentés de quelque quatre cents statues et mille quatre cents jets d'eau conduisent vers le château. Là, les dix-sept gigantesques glaces de la Grande Galerie multiplient la lumière des 54 lustres suspendus, des pyramides de cent cinquante bougies, à moins qu'elles ne reflètent le soir le soleil couchant sur l'horizon, soleil que Louis XIV s'est donné pour emblême après la fête du Carrousel en 1662.

■ Les plaisirs de l'île enchantée

Tel est le nom donné à la fête du printemps en 1664 où est discrètement mise à l'honneur Louise de La Vallière, maîtresse royale du moment. Au milieu du parc où d'énormes terrassements dessinent les axes des futures perspectives, six cents invités sont à la fois acteurs et spectateurs. Ouverte le 7 mai par un Louis XIV vêtu d'une cuirasse de lames d'argent couverte de broderies d'or et de diamants, la fête se poursuit par des jeux, des concerts, des feux d'artifices, des représentations théâtrales. Molière et sa troupe jouent *La Princesse d'Elide* et une première version du *Tartuffe*. Le roi paraît dans un ballet, entouré de membres de la Cour... Ces nombreuses festivités pendant lesquelles les nobles empanachés tiennent le rôle qui leur est assigné, témoignent de la puissance absolue du Roi-Soleil.

■ Un cérémonial imposant

Un cérémonial précis et immuable, l'étiquette, règle dans les moindres détails la vie d'une cour entièrement tournée vers les faits et gestes du roi, dont la Grande Mademoiselle, sa cousine a pu écrire : « Il est Dieu. » Le lever, la toilette (Louis XIV est rasé tous les deux jours), les repas, le coucher sont l'occasion pour les courtisans de se disputer de menus honneurs : escorter le roi dans ses promenades, tenir son bougeoir au coucher... Ce cérémonial qui ne varie pratiquement pas après l'installation définitive du roi à Versailles le 6 mai 1682 rend la vie de cour monotone. C'est pourtant là qu'il faut être et revenant d'exil après une disgrâce, un marquis s'écrie : « Sire, loin de vous, on n'est pas seulement malheureux, on est ridicule ! »

☛ Versailles, c'est sans doute la demeure d'un grand roi, le haut lieu d'un art classique qui se répandra en Europe. C'est le côté brillant du règne de Louis XIV qui ne doit pas faire oublier les révoltes paysannes, les disettes et les guerres. C'est surtout l'expression d'une pensée politique, le cadre monumental où une noblesse domestiquée célèbre quotidiennement une sorte de culte d'un monarque absolu, le Roi-Soleil.

Louis XIV dans le costume du sacre, peint par Hyacinthe Rigaud en 1701

PRÉHISTOIRE
ANTIQUITÉ
MOYEN ÂGE
ANCIEN RÉGIME
RÉVOLUTION
XIXᵉ SIÈCLE
XXᵉ SIÈCLE

Le temps des épreuves

Au terme de la période glorieuse (1660-1680) qui voit le Roi-Soleil, au faîte de sa puissance, être quotidiennement célébré par une Cour où s'épanouit l'art classique, deux dangers menacent Louis XIV. Sa volonté de puissance l'entraîne dans de longues et vaines guerres financées par de nouvelles taxes : la capitation (1695) et le dixième• (1710). Sa volonté d'être un roi très chrétien l'amène, fort de la renaissance catholique que connaît la France, à révoquer l'édit• de Nantes. L'exode clandestin de quelque 200000 protestants malmène une économie déjà touchée par l'échec des manufactures• et des grandes compagnies de commerce, une économie qui est violemment secouée par les dépressions des années 1693-94 et 1709-10. En 1715, après cinquante-quatre ans de règne, Louis XIV meurt, impopulaire, en laissant une dette multipliée par dix et un déficit annuel de 45000000 de livres.

1685	**La révocation de l'édit• de Nantes.** Dès 1661, les protestants ont été gênés dans l'exercice de leur culte, exclus de l'achat des offices royaux. En 1680 ont commencé les « dragonnades »• en Poitou, en Béarn, en Languedoc : le logement systématique de soldats chez les protestants provoque des conversions en grand nombre. Le 18 octobre 1685 l'édit• de Fontainebleau interdit le culte protestant dans le royaume, bannit les pasteurs mais interdit aux ex-réformés de s'enfuir sous peine de galères. Deux cent mille d'entre eux quittent pourtant clandestinement la France.
1688	**La guerre de la ligue d'Augsbourg**. L'attitude de la France dans le Palatinat qu'elle a envahi et ravagé pour couvrir l'Alsace, indigne la Hollande, l'Espagne, la Suède, les princes allemands, l'Angleterre, la Savoie et l'Autriche qui forment la ligue d'Augsbourg. La France tient tête à l'Europe. Mais en 1697 les adversaires épuisés par la guerre et la crise de 1693-94 signent la paix de Ryswick. La France conserve Strasbourg mais doit rendre les autres annexions faites après 1678.
1702	**La guerre des Camisards**. Dans les Cévennes, des protestants irréconciliables, les Camisards, se soulèvent contre le roi. Vingt mille hommes et huit ans de luttes sont nécessaires pour réduire les révoltés soutenus par la population. **La guerre de succession d'Espagne**. Le roi d'Espagne qui meurt en novembre 1700 a choisi pour héritier le petit-fils de Louis XIV. L'Autriche, l'Angleterre et la Hollande qui s'inquiètent de voir un jour réunies la France et l'Espagne déclarent la guerre le 15 mai 1702. La France accumule d'abord les échecs de 1704 à 1709. Les Anglais débarquent à Gibraltar, le roi Philippe V d'Espagne est chassé de chez lui, la Flandre française est envahie... Après une offre de paix inacceptable, les armées françaises reprennent le combat et repoussent les envahisseurs, Philippe V reconquiert le trône espagnol. Les traités d'Utrecht (1713) et de Rastatt (1714) mettent fin à la guerre. Philippe V abandonne toute prétention au trône de France. La France sauvegarde les conquêtes de Louis XIV mais cède Terre-Neuve et l'Acadie aux Anglais.
1709	Louis XIV réprime une « secte » de catholiques austères et intransigeants qui croient à la prédestination, les jansénistes•. Il les avait chassés de Paris en 1664. En 1709 il rase leur couvent de Port-Royal des Champs.

LA FRANCE EN 1715

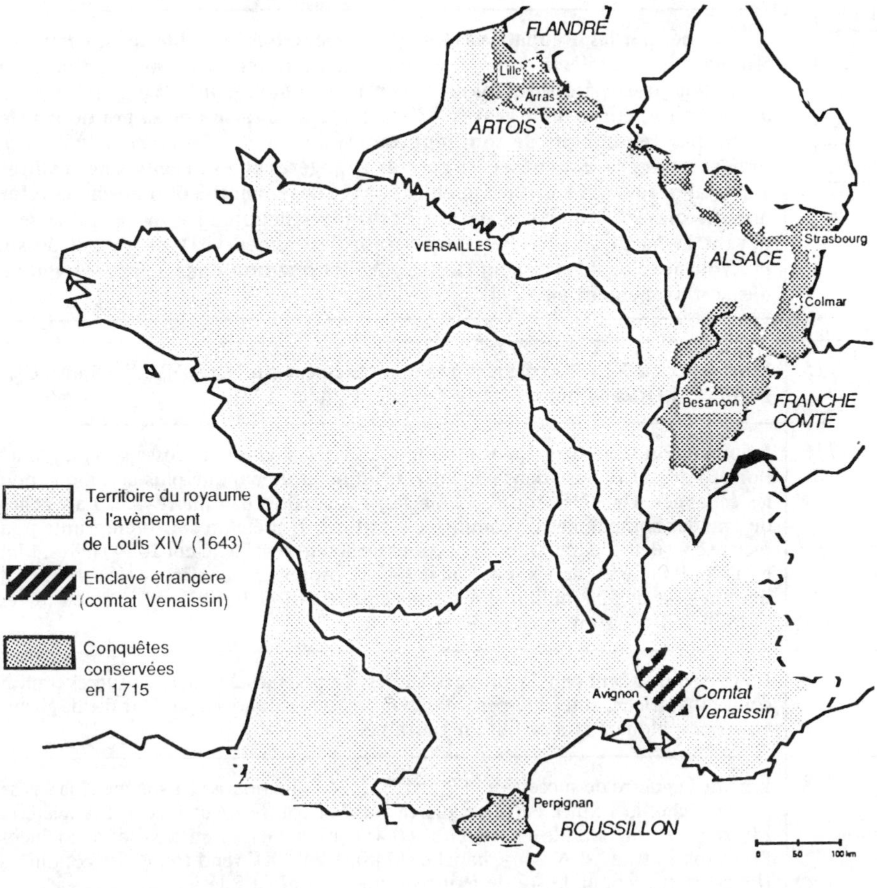

« S'agrandir est la plus digne et la plus agréable occupation des souverains. » Ainsi s'adressait Louis XIV au marquis de Villars dans une lettre datée du 8 janvier 1688.

Dans sa volonté personnelle d'agrandir le royaume, le roi a réussi :

— Au sud, le rattachement du Roussillon (1659) donne à la frontière un tracé qu'elle a encore de nos jours.

— Au nord et à l'est, l'acquisition de l'Artois (1659), de la Flandre (1668-1678), de la Franche-Comté (1678) et de la région de Strasbourg (1681) donne l'occasion à Louis XIV d'établir une frontière stratégique, « une ceinture de fer » qu'il fait fortifier par Vauban. Ainsi, Paris est à l'abri d'une brutale invasion.

Mais les guerres ont lourdement pesé dans le déficit du budget. De plus, tous ces territoires sont acquis dès 1681 ! Les conflits ultérieurs n'ont fait que confirmer ou diminuer ce qui était acquis. La Lorraine et la Corse seront rattachées au royaume sous le règne de Louis XV, respectivement en 1766 et en 1768.

Le comtat Venaissin, possession du pape (la région d'Avignon) deviendra français en 1791, pendant la Révolution française.

L'absolutisme hésitant

Epargnée par les occupations étrangères et les crises, enrichie par le commerce avec les premières colonies et la traite des noirs, la France de Louis XV connaît la prospérité économique qui enrichit la bourgeoisie. Le pouvoir royal, au contraire, éprouve de graves difficultés tant en raison de sa politique extérieure peu réussie que de son impuissance à résoudre l'important déficit du budget qu'aggravent encore les guerres étrangères et les dépenses des maîtresses royales. Louis XV est constamment obligé de renoncer à d'importantes réformes fiscales et judiciaires devant l'attitude réactionnaire de la noblesse et devant la hardiesse des Parlements jusqu'à l'année 1771 où, usant de son pouvoir absolu, il les dissout (Louis XVI les rétablira dans leurs prérogatives dès son avènement en 1774).

1715	Mort de Louis XIV. Avènement de son arrière-petit-fils Louis XV. Il a 5 ans. C'est Philippe d'Orléans qui assure la régence jusqu'en 1723.
1716 LOUIS XV	**La banqueroute de Law**. La banque de John Law, aventurier écossais, remet contre l'or et l'argent déposé dans ses coffres, un billet de banque plus commode pour les échanges. En 1718, son succès la fait reconnaître banque royale. Law achète de grandes compagnies de commerce maritime. Il prête au roi. Il emprunte pour mettre en valeur l'Amérique : ses actions de 500 livres s'achètent 20000 livres. Mais en 1720, les intérêts servis sont loin des 40 % promis. La confiance s'écroule. Pour une encaisse de 500 millions Law a mis en circulation 3 milliards de billets ! C'est la faillite. Il s'enfuit.
1738	Louis XV intervient dans la guerre de succession polonaise. Malgré les succès français contre l'Autriche, son beau-père Stanislas Lecszinski renonce par le traité de Vienne au trône polonais et s'établit en Lorraine.
1748	Lors de la guerre de succession d'Autriche (1740) qui oppose l'Espagne et la Prusse à l'Autriche, la France entre en guerre en 1744 contre l'Autriche et l'Angleterre. Elle remporte la bataille de Fontenoy (1745) qui lui ouvre les Pays-Bas autrichiens. Pourtant au traité d'Aix-la-Chapelle (1748), Louis XV rend toutes ses conquêtes. Il s'est battu « pour le roi de Prusse » qui a gagné la Silésie.
1749	Le Parlement de Paris s'oppose à l'instauration par le contrôleur général des finances, Machault d'Arnouville, d'un nouvel impôt, le « vingtième », représentant 5 % des revenus de tous les Français sans exception.
1751	**L'Encyclopédie**. Diderot et d'Alembert publient le premier des 28 tomes de l'Encyclopédie, « dictionnaire raisonné des sciences » dont les articles font état des connaissances acquises et des critiques contre l'ordre social et politique existant.
1763	**Le traité de Paris** met fin à une guerre de Sept Ans (1756-1763) qui, après un renversement des alliances, oppose l'Angleterre et la Prusse à la France et l'Autriche. Les Français combattent en Europe mais négligent les Indes et le Canada où les Anglais leur infligent de sérieux revers. La France abandonne le Canada et l'Inde, à l'exception de cinq comptoirs et de la Louisiane.
1768	Achat de la Corse à la république de Gênes.

LE ROI CONTRE LES PARLEMENTS, 27 novembre 1770

■ Les Parlements muselés

1770 : le déficit budgétaire atteint 50 millions de livres. Les contribuables grondent contre les Ordres• privilégiés. Le 27 novembre 1770, le Parlement de Paris refuse d'enregistrer un édit• royal qui rappelle aux parlementaires qu'ils ne sont pas les représentants de la nation, qu'ils ne doivent pas faire de politique. Le chancelier• Maupéou réduit cette grève par la force. Le 20 janvier 1771, il exile les parlementaires parisiens... Le 23 février 1771, la vénalité• des charges de justice est abolie. Les juges seront nommés et payés par le roi qui garantit leur indépendance. L'opinion publique n'a pas bougé pour défendre des parlementaires qui par l'achat de charges anoblissantes accèdent à un Ordre• privilégié et ne payent pas les impôts royaux.

■ Les trois Ordres

L'inégalité criante devant l'impôt est la conséquence de la division de la société en trois ordres•. Le premier Ordre• est le clergé. Il représente 150000 personnes et possède 10 % des terres. Les revenus de ses terres et la dîme (de 3 à 15 % de la récolte) qu'il perçoit sur les paysans lui assurent des ressources annuelles égales à celles du roi à qui il reverse librement tous les cinq ans un « don gratuit ». Le deuxième Ordre• est la noblesse. Il représente environ 400000 personnes et possède 25 % des terres. La noblesse terrienne lève les droits féodaux. Mais il existe une importante noblesse de robe composée de bourgeois enrichis qui ont acheté des charges anoblissantes. Le troisième Ordre• est le Tiers Etat. Il est constitué par 24500000 roturiers aux statuts très divers et aux intérêts opposés. Au XVIIIe siècle toutefois, plus que l'appartenance à un ordre•, c'est la fortune qui est le critère de différenciation.

■ Les principaux impôts royaux

Le principal impôt direct est la taille•, taxe sur les personnes dans le nord, sur les biens dans le midi, payée en totalité par les roturiers. Son montant global est fixé par le roi, partagé entre les provinces et les paroisses au sein desquelles un collecteur désigné répartit et perçoit l'impôt. Les impôts indirects sont les aides• sur la boisson, la gabelle• sur le sel, les traites sur la circulation des marchandises. Ce sont des « fermiers généraux » qui, moyennant le versement à l'Etat d'une certaine somme, perçoivent les impôts pour leur propre compte.

☛ La réforme de Maupéou, c'est la volonté de briser ceux qui, tout au long du règne de Louis XV, se sont sans cesse opposés à toute réforme fiscale pour sauvegarder leurs privilèges. Mais survenant à la fin du règne, alors que Louis XV est discrédité — on l'enterrera de nuit pour éviter des incidents —, la réforme n'apparaît que comme le réflexe tardif d'une monarchie absolue en difficulté, hésitant sur la voie à suivre.

Louis XV

PRÉHISTOIRE
ANTIQUITÉ
MOYEN ÂGE
ANCIEN RÉGIME
RÉVOLUTION
XIXe SIÈCLE
XXe SIÈCLE

La crise de la monarchie

Pendant le règne de Louis XVI, le déficit chronique du budget de l'Etat est aggravé par le coût de l'intervention française dans la guerre d'indépendance américaine. Tous les projets réformateurs en matière d'impôts se heurtent à l'opposition des privilégiés qui provoquent le renvoi du ministre qui en est l'auteur. Cet égoïsme des privilégiés est d'autant plus grave que le pays est secoué par une crise économique. La récolte de 1788 est mauvaise. Le chômage industriel suscite des troubles dans les villes. Pour résoudre la crise financière et trouver de nouveaux impôts, le roi convoque pour mai 1789 les Etats généraux•. Ils n'ont pas été réunis depuis 1614. Le 17 juin 1789, le Tiers Etat, se disant les « 96/100 » de la nation se proclame Assemblée nationale. La Révolution commence.

1774 LOUIS XVI	10 mai. Mort de Louis XV. Avènement de Louis XVI.
1776	Turgot, ministre de Louis XVI met en place la libre circulation des grains pour empêcher les disettes locales aggravées par les douanes intérieures. Il tente de remplacer la corvée• royale par un impôt payé par tous les propriétaires.
1778	La France entre dans la guerre d'indépendance américaine. Les 13 colonies anglaises d'Amérique du Nord ont proclamé leur indépendance le 4 juillet 1776. Depuis 1777, des volontaires français, conduits par le marquis de La Fayette, combattent aux côtés des insurgés.
1781	Un édit• royal réserve les grades militaires à la seule noblesse.
1783	Le traité de Versailles met fin à la guerre d'indépendance américaine.
1786	Calonne, ministre de Louis XVI tente de faire payer une subvention territoriale• par tous les propriétaires.
1788	**Les cahiers de doléance**. Le roi convoque les Etats généraux• et demande a « connaître le souhait... de *ses* peuples ». Chaque village, chaque corporation met par écrit ses vœux. Près de 60000 cahiers de doléances sont ainsi rédigés : selon l'ordre•, ils réclament une constitution, la fin des droits féodaux ou dénoncent les impôts. Necker, déjà ministre en 1781, banquier de son état, est rappelé en août par Louis XVI. Il fait accorder au Tiers Etat autant de députés que les deux autres ordres• réunis.
1789	5 mai. La cérémonie d'ouverture des Etats généraux•, à Versailles, déçoit le Tiers Etat : les réformes ne sont même pas évoquées. Le 17 juin, les députés du Tiers Etat se proclament Assemblée nationale, affirmant ainsi le principe de la souveraineté nationale. **Le serment du Jeu de paume** (20 juin). Les députés du Tiers Etat jurent de ne pas se séparer avant d'avoir donné une Constitution• au royaume. 9 juillet. L'Assemblée nationale se proclame Assemblée constituante.

LA PRISE DE LA BASTILLE, 14 juillet 1789

■ Le refus du roi

Depuis la fin juin, Louis XVI concentre autour de Paris des régiments dans le but d'écraser militairement la rébellion du Tiers Etat. Le 11 juillet, il renvoie Necker, très populaire depuis le doublement des voix du Tiers. Dès le lendemain, dans les jardins du Palais-Royal, des orateurs dont un jeune avocat, Camille Desmoulins, dénoncent la décision du roi, la menace de l'encerclement et appellent le peuple aux armes pour éviter la « Saint-Barthélemy des patriotes ».
Le 13, pour maintenir l'ordre, un comité de bourgeois s'installe à l'Hôtel de Ville et met sur pieds une milice de 48000 hommes.

■ Les Parisiens en armes !

Le 14, le peuple pille l'hôtel des Invalides, s'empare de 30000 fusils et de 12 canons. Il marche ensuite sur la Bastille dans l'espoir d'y trouver des munitions. Cette forteresse, élevée par Charles VI pour défendre Paris du côté de l'est, sert de prison d'Etat depuis le XVIIe siècle. C'est une lourde bâtisse encadrée de huit grosses tours hautes de 25 mètres.
A 13 h 30, une marée humaine composée de salariés et de boutiquiers du faubourg Saint-Antoine pénètre dans la première cour de la forteresse. Les défenseurs tirent sur le peuple. La fusillade devient générale.
A 17 heures, après avoir menacé de faire sauter la réserve de poudre, le gouverneur de Launay capitule ; il est bientôt massacré et sa tête promenée au bout d'une pique.

■ La cocarde tricolore

Le 16 juillet, Louis XVI rappelle Necker.
Le 17, le roi se rend à Paris où La Fayette (héros de l'indépendance américaine) a été nommé commandant de la Garde nationale. A l'Hôtel de Ville, il reçoit des mains de Bailly (député du Tiers Etat), maire de Paris, la cocarde tricolore qui unit au blanc de la monarchie le bleu et le rouge de la ville de Paris. Louis XVI apparaît aux fenêtres de l'Hôtel de Ville, la cocarde accrochée à son chapeau, il est salué aux cris de « Vive le Roi ! Vive la Nation ! »

☛ **Le 14 juillet, simple émeute parisienne, marque l'entrée des foules urbaines dans le développement de la Révolution. L'exemple de Paris est suivi en province : des municipalités élues prennent le pouvoir dans les villes.**
La Bastille, symbole de la monarchie absolue, est tombée : c'est la remise en cause, par le peuple, de l'arbitraire royal. Commencée par les bourgeois de façon pacifique et juridique, la Révolution devient armée, violente, populaire.

La Bastille va tomber !

La chute du roi

En août 1789 l'Assemblée constituante abolit l'ancien régime social. L'aggravation de la crise économique provoque les journées d'octobre : le roi est ramené à Paris. L'Assemblée le suit. Pour résoudre la crise financière, elle vend les domaines du clergé comme biens nationaux•. Le 14 juillet 1790, lors de la fête de la Fédération, le roi marque son accord avec la nation, mais en juin 1791, par sa fuite vers la frontière de l'est où il espère rejoindre les nobles émigrés, il perd la confiance du peuple. En 1792, la France s'engage dans une guerre contre l'Autriche pour des motifs contradictoires. Un ultimatum austro-prussien qui veut protéger Louis XVI des insultes, des violences et d'une éventuelle rébellion des troupes exacerbe le patriotisme d'ardents révolutionnaires parisiens, les sans-culottes•, dont l'insurrection provoque, le 10 août, la chute de roi et la fin de la monarchie constitutionnelle.

1789	**La nuit du 4 août**. Dans les campagnes, la nouvelle déformée des événements parisiens provoque la « Grande Peur » : on raconte que des brigands à la solde des nobles vont dévaster les moissons. Dans le même temps, des paysans attaquent les châteaux et brûlent les titres seigneuriaux. Pour arrêter ces désordres, l'assemblée vote, le 4 août, l'abolition des privilèges. 26 août. La Déclaration des Droits de l'homme et du citoyen proclame les principes de la Révolution : liberté, égalité, souveraineté de la nation. 5-7 octobre. La foule oblige le roi à vivre à Paris, aux Tuileries.
1790	12 juillet. Evêques et curés seront élus et devront jurer fidélité à la nation. **Fête de la Fédération** (14 juillet). Devant une foule immense, Louis XVI jure sur « l'autel de la nation » qu'il respectera la Constitution•.
1791	14 juin. La loi Le Chapelier interdit la grève, les groupements professionnels, ouvriers ou patronaux. **La fuite du roi** (20-25 juin). Déguisé en bourgeois, Louis XVI s'enfuit, il est arrêté à Varennes et reconduit sous bonne garde à Paris, où l'Assemblée vote sa « suspension ». En juillet l'Assemblée fait tirer sur le peuple venu réclamer la chute du roi : cinquante morts. L'Assemblée perd la confiance du peuple. Septembre. L'Assemblée, qui admet la thèse de l'enlèvement du roi, le rétablit dans ses fonctions. Il jure fidélité à la Constitution•. Le 30, l'Assemblée législative succède à l'Assemblée constituante.
1792	**La patrie en danger.** Sur proposition du roi dont les motivations restent ambiguës, la France déclare la guerre à l'Autriche le 20 avril. En juillet, devant l'avance rapide de l'ennemi, l'Assemblée décrète la « Patrie en danger ». Le 26, dans un ultimatum, (manifeste de Brunswick), la Prusse et l'Autriche menacent de raser Paris s'il est fait violence au roi. 10 août. Dans un sursaut patriotique, les sans-culottes• prennent les Tuileries. Le roi se réfugie auprès de l'Assemblée qui le dépose et décide l'élection au suffrage universel d'une Convention nationale.

VALMY, 20 septembre 1792

■ Les Prussiens menacent Paris

Victorieux à Verdun et à Longwy, les Prussiens ne sont qu'à 213 km d'un Paris dépourvu de remparts. Une peur collective gagne le peuple. Du 2 au 5 septembre, à l'appel de Marat, il massacre dans les prisons les « ennemis de l'intérieur » : nobles, parents d'émigrés... Le 19 septembre sous une pluie diluvienne, les généraux français Dumouriez et Kellerman prennent position sur les hauteurs de Valmy avec une armée de 30000 hommes qui comprend de nombreux volontaires, des « savetiers »• disent les émigrés. Audacieusement le front est « renversé » : Dumouriez ouvre aux Prussiens la route de Paris mais leur coupe la route de la retraite.

■ « Vive la nation ! »

Le 20 septembre à 7 heures, le brouillard qui se dissipe découvre les deux armées l'une à l'autre. La bataille commence vraiment à 12 h 30. 54 bouches à feu prussiennes crachent leurs obus sur les lignes françaises, puis 60000 Prussiens en bon ordre progressent à découvert vers le moulin de Valmy. Les Français restent en position et font donner leurs trente-six pièces d'artillerie. Chaque coup de canon qui part des lignes françaises avec succès est salué d'un cri simultané de toute l'armée : « Vive la nation ! » Sur la butte, les boulets prussiens s'enfoncent dans un sol détrempé et couvrent de boue hommes et chevaux.

■ « Ah, ça ira, ça ira... »

Kellerman décide d'attaquer à son tour. Les volontaires français se mettent en marche en entonnant la Carmagnole : « Ah, ça ira, ça ira, ça ira... La liberté triomphera. » La mitraille fait rage. Le cheval de Kellerman est tué sous lui. Un formidable coup de tonnerre ébranle l'air : un fourgon de poudre a sauté près du moulin, créant parmi les volontaires un léger flottement que Kellerman endigue avec énergie. La canonnade continue. Les Prussiens ne passent pas. Le duc de Brunswick rappelle ses troupes. Plus de 30000 boulets ont été tirés. Cent quatre-vingt-quatre Prussiens et trois cents Français sont tombés dans l'affrontement.

La bataille de Valmy

> **☛ Simple canonnade pour certains, Valmy est la première victoire des armées de la Révolution, c'est la démocratie en armes ; face à la puissante armée prussienne, la Révolution est sauvée par la fougue des bataillons de jeunes volontaires et par la supériorité d'un excellent canon mis au point par Gribeauval sous la monarchie absolue !**

Le gouvernement révolutionnaire

Première assemblée élue au suffrage universel, la Convention proclame la République. Mais les députés s'opposent vite : les Girondins• pensent que la Révolution est terminée ; Les Montagnards• pensent qu'il faut s'appuyer sur les sans-culottes• pour sauver la Révolution. En 1793, la France qui a exécuté le roi doit faire face à une coalition qui regroupe tous les Etats européens, alors qu'à l'intérieur des frontières la Vendée se révolte. Les sans-culottes• demandent des mesures énergiques. La Convention élimine les Girondins• et organise un gouvernement révolutionnaire qui, face aux dangers intérieurs et extérieurs met « la Terreur à l'ordre du jour ». Les succès remportés en 1794 permettent d'espérer un retour à la modération. La volonté de Robespierre d'éliminer les derniers opposants provoque sa chute en juillet (Thermidor).

1792	21 septembre. La République est proclamée à l'unanimité par la Convention.
1793	**Le procès du roi** (15-19 janvier). La découverte dans l'armoire de fer, de la correspondance de Louis XVI avec les ennemis de la Révolution a provoqué son procès. 387 voix contre 334 votent la mort. Le 21 janvier, Louis Capet• est exécuté. Mars. L'Angleterre, la Hollande et l'Espagne rejoignent la Prusse et l'Autriche dans la guerre contre la France régicide. La Convention décrète la levée en masse de 300000 hommes de 18 à 40 ans, provoquant le soulèvement contre la République des paysans vendéens déjà très mécontents de l'accaparement des biens nationaux par les bourgeois des villes. Avril. Le pouvoir exécutif• passe entre les mains du Comité de salut public alors présidé par Danton. 31 mai - 2 juin. Sous la menace des sans-culottes•, les Girondins•, hostiles à la dictature du Comité de salut public, sont arrêtés. **La Terreur**. A cause de difficultés économiques, de revers militaires et sous la pression des sans-culottes•, la Convention fixe par une loi le maximum des prix et des salaires et annonce : « La Terreur est mise à l'ordre du jour ». Tout suspect peut être arrêté. La reine et les Girondins• sont décapités•.
1794	Mars. Les hébertistes• veulent accentuer la Terreur. Le Comité de salut public fait arrêter Hebert et les « enragés ». Ils sont guillotinés. Avril. C'est le tour des « indulgents » qui estiment que la Terreur doit prendre fin : Danton, Camille Desmoulins et leurs amis sont guillotinés. Avril-juillet. Robespierre est le « maître » du Comité de salut public. Les armées de la République conquièrent la Belgique et la Rhénanie. 27 juillet (9 Thermidor). La chute de Robespierre marque le triomphe des députés du centre et la fin de la Convention montagnarde.

ROBESPIERRE, 1758-1794

■ Les jeunes années

Maximilien de Robespierre naît à Arras, le 6 mai 1758 dans une famille de la petite bourgeoisie. Orphelin à 6 ans, c'est un brillant élève de Louis-le-Grand à Paris : en 1775, c'est lui qui est choisi pour réciter à Louis XVI un discours en vers lors de l'entrée solennelle du roi dans Paris, après le sacre. En 1781, il devient avocat et retourne à Arras. Il se prononce ouvertement dans ses plaidoiries contre l'absolutisme royal et la justice du temps. En 1789, il est élu député du Tiers Etat, il n'a pas 31 ans.

■ L'Incorruptible

Nourri de la pensée de Jean-Jacques Rousseau, il occupe, cinq ans durant, le devant de la scène révolutionnaire et siège sans interruption au Comité de salut public du 27 juillet 1793 au 27 juillet 1794. Ses armes : ce sont ses discours (871 sur la période !) Sa force : c'est son éloquence faite de franchise et d'un grand pouvoir de persuasion. Malgré de modiques ressources, il refuse les places lucratives. Seule l'anime la défense des droits du peuple. Mais il subit parfois la force des choses. Lui qui demande l'abolition de la peine de mort, il la réclame contre le roi : « Louis doit mourir parce qu'il faut que la Patrie vive. » Il réclame la Terreur contre les « ennemis de la Liberté ». Rejetant l'athéïsme, se défiant du Dieu des prêtres « jaloux, cruel... à leur manière », il institue en juin 1794 le culte de l'Être suprême, un culte civil, laïque et républicain qui reconnaît l'immortalité de l'âme et l'existence d'un Être suprême qui commande la nature.

■ Les noires journées de Thermidor

Le 8 thermidor (26 juillet 1794) Robespierre exige une épuration et annonce l'élimination des « derniers fripons ». Chacun se sent menacé par son violent discours qui ne cite aucun nom. Le 9 thermidor, la voix de Robespierre est couverte par les cris. La Convention vote son arrestation. Ses partisans, à la Commune de Paris, empêchent son incarcération ; il se rend à l'Hôtel de Ville où les troupes de la Convention viennent l'arrêter dans la nuit. Le lendemain, Robespierre, Saint-Just et leurs amis sont guillotinés. Les Parisiens applaudissent. La Révolution a perdu sa conscience, mais dans son discours du 8 thermidor, Robespierre s'était écrié : « La mort est le commencement de l'immortalité ».

Robespierre ne coiffera jamais le bonnet phrygien et gardera toujours une apparence bourgeoise : cheveux poudrés, jabot, redingote et culotte.

Monstre ou martyr ? Le personnage de Maximilien Robespierre divise parce que son nom reste attaché à la Terreur. « Bouc émissaire de la Révolution », Robespierre, fidèle à son idéal, a, au péril de sa vie, associé à l'action politique le peuple des sans-culottes* dont il a défendu les droits sacrés.

Le Directoire

Après Thermidor, la bourgeoisie républicaine met fin à la Terreur. Elle installe un nouveau régime politique, le Directoire, qui doit faire face à une double opposition jacobine• et royaliste. La bourgeoisie au pouvoir fait sans cesse appel à l'armée qui, par les contributions de guerre levées en pays conquis soulage une situation financière difficile. Les généraux prennent un rôle important dans la vie politique. L'un d'eux, le général Bonaparte, très populaire depuis ses succès en Italie, s'empare du pouvoir par le coup d'Etat du 18 brumaire.

1795	La suppression du maximum•, en décembre 94, a entraîné une forte hausse des prix. Le 20 mai, la troupe désarme les sans-culottes• en révolte depuis 3 jours et met fin au dernier soulèvement populaire de la Révolution. 15 juillet. Un débarquement de royalistes émigrés est anéanti à Quiberon. 5 octobre (13 vendémiaire). Les royalistes tentent un coup de force à Paris. Le décret des deux tiers leur a enlevé l'espoir d'être député : deux tiers des membres de la nouvelle assemblée seront obligatoirement des conventionnels. Le général Bonaparte écrase l'insurrection. 26 octobre. La Convention fait place au Directoire. Le pouvoir exécutif• revient à cinq directeurs : Carnot, Barras, Larévellière, Reubell et Letourneur.
1796	10 mai. Gracchus Babeuf, chef des Egaux• est arrêté. Jacobin• ultra•, il réclame la propriété collective du sol. Il sera guillotiné en mai 1797.
1797	4 septembre. Par un coup d'Etat, trois directeurs annulent l'élection des députés royalistes et destituent deux directeurs trop favorables à ces idées. C'est le général Augereau, envoyé d'Italie par Bonaparte qui dirige les opérations. **Le traité de Campo Formio** (18 octobre). Après les brillants succès de Bonaparte à Castiglione, Arcole, Rivoli et Mantoue, la France signe la paix avec l'Autriche et annexe la Belgique et la rive gauche du Rhin.
1798	11 mai. Par un nouveau coup d'Etat, les directeurs annulent l'élection des députés jacobins• jugés trop « à gauche ». 19 mai. Bonaparte s'embarque pour l'Egypte. Il s'agit de couper la route des Indes à l'Angleterre. Vainqueur aux pyramides, Bonaparte ne pourra empêcher l'amiral Nelson de détruire la flotte française à Aboukir.
1799	18 juin. S'appuyant sur les députés, le directeur Sieyès, par un coup d'Etat, oblige trois de ses collègues à démissionner. **Le coup d'Etat du 18 brumaire** (9-10 novembre). Sous la pression des troupes de Paris, commandées par Bonaparte, rentré un mois plus tôt d'Egypte, où il a abandonné son armée, les directeurs sont remplacés par trois consuls : Sieyès, Ducos et Bonaparte ! Les trois consuls promettent de respecter les principes de 1789 et de rétablir la paix. « La Révolution... est finie ».

LES ACQUIS DE LA REVOLUTION

■ La Révolution invente la vie politique moderne

Avant 1789, le pouvoir politique appartient au roi seul. Avec la Révolution, la politique devient, en principe, la chose de tous : l'homme est un citoyen, la nation est souveraine même si elle délègue ses pouvoirs par la pratique électorale qui se généralise. En proclamant la souveraineté de la nation, la Révolution fait naître un courant libéral qui conduit, au cours du XIXe siècle, au suffrage universel et à la démocratie.

■ La Révolution façonne la société bourgeoise nouvelle

De 1789 à 1799, elle détruit la société d'Ancien Régime : abolition des privilèges, libre admission de tous à tous les emplois, égalité devant l'impôt. La vente des biens nationaux• constitue le plus vaste transfert de propriété de notre histoire en faveur de la moyenne bourgeoisie, de la paysannerie aisée et d'hommes d'affaires avisés. La loi Le Chapelier prive les ouvriers du droit de grève et d'association. La disparition des corporations• et la suppression des règlements de fabrication permettent à la bourgeoisie de développer ses affaires sans contrôle.

■ La Révolution continue le mouvement des Lumières

Elle accentue la laïcisation• de l'Etat et enlève à la société son fondement religieux : l'Eglise n'est plus Eglise d'Etat ; elle perd le monopole de l'enseignement. Si la Convention délaisse l'instruction primaire, elle rénove l'enseignement secondaire par la création des grandes écoles (Ecole normale supérieure, Polytechnique...) et d'une Ecole centrale par département.

■ La Révolution contribue à uniformiser la nation

Unification administrative : les quatre-vingt-trois départements remplacent l'enchevêtrement inextricable des circonscriptions de l'Ancien Régime, la loi remplace les coutumes. Unification économique : la France, par la suppression des douanes intérieures, forme un marché unifié permettant la multiplication des échanges et des profits ; le système métrique remplace l'infinie diversité des poids et mesures. La guerre elle-même est devenue nationale : face à l'Europe des rois coalisés, les soldats de l'an II ont eu conscience de défendre la patrie.

☛ La France retire de l'époque révolutionnaire un grand prestige. En proclamant le droit des peuples à disposer d'eux-mêmes, la Révolution fait naître, au cours du XIXe siècle, le mouvement des nationalités. Bien des peuples garderont de la France l'image de la patrie de la liberté.

Le paysan après l'abolition des privilèges, fin 1789

Le Consulat

Premier consul, consul à vie, empereur : c'est par étapes que Bonaparte parvient au pouvoir absolu et héréditaire. En réorganisant l'administration, la justice et les finances, il crée un Etat moderne et centralisé. En négociant le Concordat, il fait la paix avec l'Eglise. En faisant rédiger le Code civil, il consolide la société bourgeoise.

1800 BONAPARTE 1er CONSUL	25 janvier. A la suite du coup d'Etat, les Brumairiens préparent la constitution• de l'an VIII. Celle-ci concentre la réalité du pouvoir entre les mains de Bonaparte, nommé premier consul. L'une des premières tâches du Consulat est de centraliser l'administration (préfets), la justice et les finances et de donner au pays une banque centrale : la Banque de France (13 février).
1801	**Traité de Lunéville** (9 février). Les victoires de Bonaparte à Marengo et de Moreau en Allemagne forcent l'Autriche à signer un traité par lequel elle reconnaît à la France la rive gauche du Rhin. **Le Concordat** (15 juillet). Pour détacher les catholiques de la cause royale, Bonaparte négocie avec le pape Pie VII le Concordat. Le gouvernement nomme les évêques, verse un traitement au clergé et reçoit son serment de fidélité. Le culte catholique n'est plus « religion d'Etat » mais demeure la « religion de la majorité des Français ».
1802	25 mars. Après 10 ans de guerre, l'Angleterre, menacée par une crise, signe la paix d'Amiens. La joie de la paix retrouvée permet à Bonaparte d'achever d'établir son pouvoir personnel : la Constitution• de l'an X crée le Consulat à vie.
1803	**Le franc germinal** (28 mars). La confiance retrouvée permet d'établir (loi du 7 germinal an XI) une nouvelle monnaie : le franc germinal (de 5 g d'argent). Il restera stable jusqu'en 1914 !
1804 NAPOLÉON Ier EMPEREUR	**Le Code civil** (promulgué le 21 mars). Il respecte les principes de 1789, proclame les libertés d'entreprise et de concurrence, chères à la bourgeoisie. Celle-ci devient le support du régime qui garantit également les paysans contre le retour de la féodalité. 18 mai. La reprise de la guerre par l'Angleterre et l'échec d'un nouveau complot royaliste permettent au consul à vie de renforcer encore son pouvoir. La Constitution• de l'an XII proclame Napoléon Bonaparte, empereur des Français et la dignité impériale, héréditaire dans sa famille. **Le sacre** (2 décembre). Napoléon Ier décide le pape Pie VII à venir le couronner à Notre-Dame-de-Paris. En fait, il se couronne lui-même, geste non d'indépendance ou d'improvisation personnelle — comme on le dit souvent —, mais prévu par le protocole. Puis l'empereur couronne lui-même Joséphine qu'il a épousée religieusement, à la hâte, dans la nuit du 1er au 2 décembre.

NAPOLEON BONAPARTE, 1769-1821

■ Le général jacobin• né de la Révolution

Né le 15 août 1769 à Ajaccio, élève boursier au collège royal de Brienne, il entre à l'école militaire de Paris et en sort en 1786 sous-lieutenant d'artillerie. Acquis aux idées de la Révolution de 1789, il se distingue au siège de Toulon, est général de brigade en 1793. Ami du frère de Robespierre, la chute de ce dernier risque de lui être fatale : il est même mis en état d'arrestation.

■ Le sauveur

Mais, en octobre 1795 (13 vendémiaire), il est appelé pour seconder le directeur Barras et défendre la Convention contre une insurrection royaliste. Le « général vendémiaire » épouse Joséphine de Beauharnais (dont il divorcera en 1809 : elle ne lui a pas donné d'héritier !). Bonaparte se voit confier le commandement en chef de l'armée d'Italie où il montre son génie militaire et, grâce à une habile propagande, en revient en héros. Informé de la situation difficile du Directoire, Bonaparte abandonne son armée en Egypte. Après s'être assuré la fidélité de l'armée, il réalise, fort de son prestige dans l'opinion, le coup d'Etat du 18 brumaire. Il devient, pour la bourgeoisie et la paysannerie aisée, le sauveur capable de consolider les conquêtes de la Révolution.

■ Le despote guerrier

Premier consul en 1800, consul à vie en 1802, empereur en 1804 : ce n'est que par étapes que Bonaparte parvient au pouvoir absolu et héréditaire. Napoléon Ier concentre entre ses mains tous les pouvoirs et exerce une dictature rendue possible par son intelligence, sa mémoire et sa puissance de travail. Mais il échoue dans son projet de domination de l'Europe. Fondé sur l'armée et les victoires, son pouvoir personnel s'effondre avec la défaite. Vaincu à Waterloo, l'empereur est abandonné par la bourgeoisie et par le peuple qui aspirent à la paix. Exilé à Sainte-Hélène, Napoléon Ier y meurt, misérable vaincu abandonné de tous, le 5 mai 1821, après six années d'ennui.

Napoléon se sacrant lui-même (dessin de David, 1805)

☛ Habile propagandiste, Napoléon Bonaparte a pris soin de construire lui-même sa propre légende. Celle-ci sera assez forte dans le peuple pour que celui-ci vote en masse, en décembre 1848, pour « le neveu du grand empereur ». La réputation guerrière et dictatoriale de « l'ogre de Corse », la grandeur et l'unité d'un Etat centralisé et fort qu'il a su créer font de Napoléon une des principales figures de l'histoire de France.

L'Empire

De 1805 à 1807, Napoléon Ier vainc l'Autriche, la Prusse et la Russie. Mais pour imposer le blocus économique de l'Angleterre, il tombe dans « le guêpier espagnol » et doit asservir toute l'Europe. Celle-ci se coalise contre lui et, après la retraite de Russie, l'exile à l'île d'Elbe. L'empereur s'en échappe et, pour Cent-Jours, reprend le pouvoir... jusqu'à la défaite de Waterloo et l'exil définitif.

1805 NAPOLÉON Ier	**Trafalgar** (21 octobre). L'amiral Nelson détruit la flotte française à Trafalgar. Sa victoire assure à l'Angleterre la maîtrise des mers. **Austerlitz** (2 décembre). Le jour anniversaire de son sacre Napoléon écrase les armées austro-russes en les attirant sur des étangs gelés. 27000 morts, 40 drapeaux perdus ainsi que 180 canons, le bilan est lourd pour l'armée austro-russe ! L'Autriche signe la paix ; elle est chassée d'Italie.
1806	14 octobre. A Iéna, Napoléon défait l'armée prussienne de Frédéric-Guillaume III.
1807	**Tilsit** (7 juillet). Napoléon atteint son apogée et se réconcilie avec le tsar Alexandre Ier. Auparavant, les Russes ont été vaincus à Eylau et à Friedland. La Prusse perd la Westphalie érigée en royaume au profit de Jérôme Bonaparte.
1808	**Le Blocus continental**. Pour étouffer le commerce anglais, Napoléon a décrété le Blocus continental (21 novembre 1806). Tout commerce avec les îles britanniques est interdit. Pour rendre ce blocus efficace, il est conduit à imposer son autorité à toute l'Europe. En juin 1808, il engage l'expédition d'Espagne qui use les forces de l'Empire.
1809	**La victoire de Wagram** (5 juillet). L'Autriche reprend les armes. Vaincue à Wagram, elle cède les provinces illyriennes sur la côte adriatique. Marie-Louise, 19 ans, fille de François Ier l'empereur d'Autriche, épouse Napoléon 1er le 2 avril 1810.
1811	Le Grand Empire atteint son extension maximale en Europe. Napoléon a placé des membres de sa famille à la tête de plusieurs États. Mais une crise économique et le réveil de l'Europe asservie menacent. La Prusse prend la tête du mouvement national allemand et reconstitue son armée.
1812	**La campagne de Russie**. L'alliance de Tilsit est rompue. Napoléon envahit la Russie à la tête d'une « armée des 20 nations » de 700000 hommes. Maître de Moscou, il ordonne la retraite puisque Alexandre n'a pas demandé la paix. Le froid, la faim, les harcèlements des cosaques déciment la Grande Armée : plus de 300000 tués, blessés ou prisonniers restent en Russie !
1814	L'Europe entière se coalise contre l'empereur. Vaincu à Leipzig, il doit évacuer l'Allemagne. Le 6 avril, Napoléon qui n'a pu empêcher l'invasion de la France abdique. Les rois coalisés lui attribuent l'île d'Elbe. Louis XVIII, frère de Louis XVI, devient roi de France.
1815	**Les Cent-Jours** (20 mars - 20 juin). S'échappant de l'île d'Elbe, Napoléon rentre en France et réussit à reprendre le pouvoir. Le roi Louis XVIII s'enfuit à Gand. **Waterloo** (18 juin). Vaincu à Waterloo, Napoléon abdique le 22 juin et se rend aux Anglais qui l'exilent à Sainte-Hélène où il meurt le 5 mai 1821.

UNE NOUVELLE ORGANISATION DU PAYS

■ Napoléon stabilise la société bourgeoise nouvelle

Le Code civil confirme l'abolition des privilèges, consacre le droit de propriété, renforce l'autorité du père au sein de la famille, celle du patron sur l'ouvrier. Il fait de la femme mariée une éternelle mineure. En cas de conflit, le patron est cru sur sa simple affirmation, l'ouvrier sur preuve écrite. Soumis à l'obligation du livret — qui subsistera jusqu'en 1890 —, privés du droit d'association et de grève, les ouvriers sont traités en suspects par le Code pénal. L'établissement du cadastre — dressé pour répartir de façon équitable la contribution foncière — confirme la cession des biens nationaux• au profit de la grande et moyenne bourgeoisie et d'hommes d'affaires avisés.

■ Napoléon conserve, en partie, l'héritage révolutionnaire

Pour former une élite docile et efficace capable de diriger la France, Bonaparte remplace les écoles centrales par les lycées (1802). L'empereur fonde l'université impériale (1806) et lui reconnaît le monopole de l'enseignement. Contrôlés et payés par l'Etat, ses professeurs doivent former les militaires et les hauts fonctionnaires.

Le Concordat de 1801 — qui ne disparaîtra qu'en 1905 — met le clergé sous le contrôle du gouvernement, redonne un statut officiel à l'Eglise mais ne refait pas du catholicisme une religion d'Etat.

■ Napoléon consolide l'unité du territoire et de la nation

Pour diriger et gérer la France, il fait confiance à une administration hiérarchisée de fonctionnaires nommés, payés et contrôlés par le pouvoir central. A la tête du département — circonscription fondamentale —, le préfet ne dépend que du gouvernement dont il est l'œil dans la province. Au-dessous du préfet, chargé de faire appliquer partout les mêmes lois, c'est l'escalier d'une administration hiérarchisée où tout est rattaché à Paris. Cette structure centralisée perdure jusqu'à la loi de... mars 1982 où, pour la première fois depuis Napoléon, les préfets cèdent aux présidents des conseils généraux leur pouvoir exécutif dans les départements.

☞ Les grands ensembles de lois du Consulat et de l'Empire vont entériner, pour longtemps, les changements essentiels hérités des dix années révolutionnaires.

Un préfet en costume

La Restauration

Le roi Louis XVIII rétablit le droit divin mais octroie une « Charte »• et maintient les acquis de la bourgeoisie. Les libertés instaurées par la Charte permettent la création de partis : à gauche, les libéraux sont attachés aux libertés de 1789 ; au centre, les constitutionnels souhaitent une application loyale de la Charte ; à droite, les « ultras-royalistes » envisagent de rétablir certains privilèges. Avec l'arrivée au pouvoir de Charles X, les nobles et les « ultras » croient le moment venu d'une restauration de l'Ancien Régime. Leurs tentatives provoquent la révolution parisienne de juillet 1830.

1815 LOUIS XVIII	8 juillet. Louis XVIII rentre à Paris. La « charte• octroyée à ses sujets » (1814) reconnaît les principes de liberté, d'égalité et de propriété (y compris pour les biens nationaux•) et instaure le suffrage censitaire•. **La « Terreur blanche »**. Bourgeois protestants, républicains ou bonapartistes, à Avignon, Nîmes et Toulouse, sont victimes des représailles catholiques et royalistes. **Le traité de Paris** (20 novembre). Après les Cent-Jours, les coalisés font payer aux Français le retour de « l'ogre de Corse ». Le traité de Paris impose à la France une indemnité de guerre de 700 millions de francs et une occupation militaire de 7 départements par 150000 étrangers. La France est ramenée à ses frontières de 1790 (perte de la Savoie).
1818	10 mars. La loi Gouvion Saint-Cyr conserve la conscription• des hommes de 20 ans, reconnus aptes, pour un service militaire de 7 ans mais permet à celui qui a tiré « le mauvais numéro » de se payer un remplaçant s'il le peut.
1820	13 février. Le duc de Berry, neveu de Louis XVIII, est assassiné. En réaction sont votées des mesures réclamées par la droite ultra-royaliste : censure des journaux et loi du double vote qui permet aux électeurs les plus riches de voter deux fois. Cette loi renforce le principe censitaire•.
1824	16 septembre. Mort de Louis XVIII. Son frère, Charles X, lui succède.
1825 CHARLES X	La loi du 27 avril prévoit de verser aux anciens propriétaires de biens nationaux 630 millions de francs de rente. Ce « milliard des émigrés » scandalise l'opposition bourgeoise libérale. 29 mai. Renouant avec la tradition monarchique, Charles X se fait sacrer à Reims. Par là il manifeste l'alliance « du Trône et de l'Autel » et inaugure une politique réactionnaire favorable à l'ancienne aristocratie•.
1830	16 mai. La chambre des députés est dissoute par le roi qui répond ainsi à une velléité d'indépendance. De nouvelles élections ont lieu en juillet et renforcent l'opposition libérale : 274 opposants au lieu de 221 ! **Les ordonnances** (25 juillet). Charles X tente un coup de force et signe quatre ordonnances par lesquelles il interdit la liberté de la presse, dissout la chambre, modifie la loi électorale en élevant le cens• et ajourne jusqu'en septembre l'élection de la nouvelle assemblée. **Les Trois Glorieuses** (27, 28, 29 juillet). En trois jours d'émeutes, bourgeois, ouvriers et compagnons parisiens obligent Charles X à abdiquer et à s'exiler. Proposée par Thiers, la candidature du duc d'Orléans, cousin du roi, est retenue. Louis-Philippe Ier devient « Roi des Français ». Hommes du peuple et bourgeois libéraux ont combattu côte à côte... Mais ces derniers ont escamoté la Révolution à leur profit !

L'EXPÉDITION D'ALGER, 25 mai - 5 juillet 1830

■ La prise d'Alger

Le 25 mai 1830, 37000 hommes portés par 675 navires dont 103 vaisseaux de guerre, partent de Toulon. Le corps expéditionnaire commandé par Bourmont, ministre de la guerre, débarque le 14 juin à Sidi-Ferruch, à 27 km à l'ouest d'Alger. Le 19, le camp de Staouëli est emporté. Le 4 juillet, le fort Empereur qui défend Alger vers le sud-est est bombardé. Le 5, le dey Hussein capitule et part en exil à Naples. Dès le 23 juillet, les représentants des tribus algériennes refusent de faire leur soumission. La conquête de l'Algérie ne fait que commencer.

■ « La régence d'Alger »

Jusqu'en 1830, Alger fait partie de l'empire turc. Le dey — élu par l'aristocratie locale —, dirige Alger et sa banlieue. Le reste du territoire est divisé entre 3 beylicats• : Oran, Médéa, Constantine. La population est formée d'éléments très divers : fellahs• de la montagne, tribus semi-nomades, bourgeois maures• des villes, minorité juive qui assure le commerce des grains par l'intermédiaire des colonies juives de Marseille.

■ Les coups de chasse-mouches

La France doit une fourniture de blé restée impayée depuis le Directoire. Le 29 avril 1827, au cours d'une discussion concernant cette dette, le dey Hussein s'emporte et frappe le consul Deval de trois coups de chasse-mouches. Le rapport du consul au ministère Villèle oblige celui-ci à demander réparation. Il se contente d'un blocus inefficace. En août 1829, nouvel affront : la frégate « La Provence » essuie le feu des batteries d'Alger ; le ministère Polignac est en butte à une telle impopularité dans le pays que l'affaire d'Alger s'offre à lui pour redorer son blason. Le commandement de l'expédition est confié au très impopulaire Louis de Bourmont, ministre de la guerre, ancien émigré.

L'expédition d'Alger, dont les conséquences sur la politique méditerranéenne et africaine de la France allaient être importantes, a un double but : pour le prince de Polignac, rétablir la confiance en se conciliant les Français par une intervention à l'étranger; pour Marseille, trouver de nouveaux débouchés pour son commerce alors en pleine décadence. Si le premier but est manqué, il n'en sera pas de même du second.

La prise d'Alger

PRÉHISTOIRE
ANTIQUITÉ
MOYEN ÂGE
ANCIEN RÉGIME
RÉVOLUTION
XIXe SIÈCLE
XXe SIÈCLE

La monarchie de Juillet

Louis-Philippe adopte une nouvelle Charte• proche de celle de 1814, mais qui élargit le corps électoral. C'est une période de prospérité où la bourgeoisie libérale triomphe et s'enrichit. Le peuple est tenu à l'écart du pouvoir. Malgré les divers soulèvements sociaux, le «roi bourgeois» se maintient et consolide sa situation avec des ministres autoritaires. Mais l'opposition monte dans le pays, jusqu'à ce qu'une nouvelle révolution parisienne oblige Louis-Philippe à abdiquer.

1831 LOUIS-PHILIPPE	18 avril. La loi modifie légèrement la Charte• de 1814 : il faut payer 200 F d'impôt direct (au lieu de 300) pour être électeur, 500 F (au lieu de 1000) pour être élu. **La Révolte des Canuts** (22 novembre - 5 décembre). 40000 ouvriers de la soie s'emparent des quartiers ouvriers de Lyon. Leur devise «vivre en travaillant ou mourir en combattant» inquiète. Le maréchal Soult s'empare de la ville, désarme les insurgés, établit une garnison de 11000 hommes.
1832	La crise économique née en 1827 se prolonge avec son cortège de misères et de chômage. La dernière épidémie de choléra se répand dans les villes industrielles (Lille, Rouen,...); à Paris, elle fait plus de 18000 morts.
1835	28 juillet. L'attentat de Fieschi (18 morts, 22 blessés) contre le roi échoue; il sert de prétexte au vote des lois contre la presse républicaine. Dans l'immédiat, elles font disparaître quelque 30 journaux.
1840	Le ministère Soult — dirigé en fait par Guizot — est constitué après une période d'instabilité : 15 ministères en 10 ans ! Guizot est servi par le retour à la prospérité. L'expansion économique profite aux propriétaires, aux industriels et aux banquiers. Mais en politique, il pratique l'immobilisme en rejetant tout projet d'un abaissement du cens• électoral.
1842	17 juin. La loi sur les chemins de fer laisse à l'Etat les travaux d'infrastructure (ballast, emplacement des rails) et l'expropriation des terrains, aux compagnies privées l'exploitation des lignes (matériel et personnel).
1846	Août. Les électeurs censitaires• (240000 sur 34 millions d'habitants) donnent à Guizot une majorité cohérente reposant sur 291 des 459 élus. 188 députés sont des fonctionnaires souvent favorables au ministère.
1847	Une crise économique s'amorce. Mauvaises récoltes, mévente des produits industriels provoquent faillites et chômage. Paysans, ouvriers et bourgeois sont mécontents. L'opposition s'enhardit, organise une campagne de banquets et demande des réformes.
1848	**La Campagne des Banquets**. A Paris, un gigantesque banquet de protestation prévu contre le régime est interdit. Le 22 février la foule manifeste. Le 23, le roi renvoie Guizot. Mais boulevard des Capucines, la troupe tire sur les manifestants (52 morts). Paris se couvre de barricades. Le 24, Louis-Philippe abdique; la République est proclamée.

LA RÉPUBLIQUE PROCLAMÉE, 24 février 1848

■ La République tricolore et démocratique

Le 24 février, un gouvernement provisoire de onze membres est formé par acclamations. Il comprend des républicains modérés (Lamartine, Ledru-Rollin,...) et des candidats plus radicaux tel le socialiste Louis Blanc et, nouveauté, l'ouvrier Albert. Lamartine prend la tête de ce gouvernement et, le 25, repousse le drapeau rouge. La seconde République, proclamée le 24, adopte le drapeau tricolore. Le suffrage universel• (pour les hommes) est établi.

■ La République sociale

Sous la pression des ouvriers en armes, le gouvernement doit aller plus loin. Le droit au travail est affirmé. Pour garantir ce droit, des ateliers nationaux sont créés. Il s'agit, en fait, d'ateliers de charité employant les chômeurs de Paris — puis bientôt ceux de province qui affluent — à des travaux de terrassement. Très vite, ils deviennent des foyers d'agitation révolutionnaire. La journée de travail en usine est limitée à dix heures.

■ La République fraternelle

La peine de mort est abolie en matière politique. En février 48, l'optimisme bon enfant des foules est la note dominante : les prêtres bénissent les arbres de la Liberté que l'on plante pour célébrer l'installation de la République. La liberté totale de presse et de réunion est proclamée. Victor Schœlcher fait abolir l'esclavage aux colonies.

Née sur les barricades parisiennes, désirée par des gens chaleureux et convaincus, bourgeois et ouvriers, la seconde République s'avère à ses débuts idéaliste et généreuse. Les hommes du gouvernement provisoire se passionnent pour le bien public... mais n'ont aucune expérience du pouvoir. L'élan lyrique se heurte rapidement à la crise économique et à l'agitation politique persistante.

Après les journées de juin (insurrection des quartiers ouvriers de l'est de Paris) réprimées dans le sang par Cavaignac, le pays bascule dans le conservatisme. L'esprit quarante-huitard a vécu. Désormais, la seconde République sera réaliste, prudente et conservatrice.

L'accueil enthousiaste à la nouvelle République : auprès du drapeau tricolore, un prêtre bénit un arbre de la liberté

La seconde République

Accueillie dans l'enthousiasme, la IIe République proclame les libertés fondamentales et adopte une nouvelle Constitution•. La bourgeoisie affolée par les troubles sociaux fait corps avec les monarchistes pour élire une Assemblée législative conservatrice et un président de la République bonapartiste. Celui-ci, par le coup d'Etat du 2 décembre 1851, prolonge son mandat de 10 ans... avant de rétablir l'Empire.

1848 LOUIS-NAPOLÉON	Avril. Dans une France essentiellement paysanne, encadrée par le clergé, les châtelains, les notables, le suffrage universel• donne la victoire aux modérés et aux conservateurs. Les partisans de la République sociale, présentés comme des « partageux », sont nettement battus : 100 sur 880 députés à la Constituante. **Les journées de juin** (23-26 juin). Les ateliers nationaux sont supprimés. Le 23, les ouvriers se soulèvent. Le général Cavaignac écrase l'insurrection ; 15000 insurgés sont déportés en Algérie. Le mouvement ouvrier est décimé. La nouvelle constitution (novembre) établit un régime présidentiel. Le 10 décembre, Louis-Napoléon Bonaparte est élu président de la République avec 75 % des voix. Neveu de l'empereur, il a bénéficié de la légende napoléonienne vivace dans les campagnes ; soutenu par Thiers et le « parti de l'ordre », il rallie ceux qui craignent « les rouges ». Elu pour 4 ans, il n'est pas rééligible.
1849	13 mai. Sur les 750 députés élus à l'assemblée législative, 500 sont des conservateurs, monarchistes pour la plupart. Plusieurs mesures réactionnaires s'ensuivent.
1850	**Loi Falloux sur l'enseignement** (15 mars). Elle donne aux religieux toute facilité pour enseigner. Pour prévenir tout retour du danger révolutionnaire, l'influence de l'Eglise sur l'enseignement est renforcée. Ainsi la lutte pour la démocratie devient une lutte pour l'école laïque et contre l'Eglise. **Loi électorale** (31 mai). Elle supprime « hypocritement » le suffrage universel. Elle impose notamment aux électeurs 3 ans de résidence continue ce qui exclut les ouvriers (« la vile multitude » selon le mot de Thiers), contraints à de fréquents déplacements. Le nombre d'électeurs passe de 9600000 à 6800000.
1851	Le président soutient la politique de réaction de l'Assemblée conservatrice puis, pour gagner le soutien de l'opinion, prend des distances à son égard. Il mène alors une campagne d'opinion. Au peuple, il assure souhaiter des réformes sociales auxquelles s'oppose l'Assemblée ; il propose le rétablissement du suffrage universel•. Aux partisans de l'ordre, il fait craindre l'anarchie à la fin de son mandat en mai 1852. **Le coup d'Etat** (2 décembre). Louis-Napoléon organise un coup d'Etat qui lui permet de prolonger son mandat présidentiel de 10 ans. Les mouvements de protestation sont réprimés massivement. 21 décembre. Un plébiscite• ratifie la prise du pouvoir par la force (7340000 oui, 646000 non, 1500000 abstentions). La nouvelle Constitution• donne les plus larges pouvoirs au président face à un pouvoir législatif• tronqué et divisé.
1852 NAPOLÉON III	2 décembre. Le Second Empire est officiellement proclamé. Les voyages et les discours du « Prince-Président » ont préparé l'opinion. Le Sénat, entièrement nommé par Louis-Napoléon, a accepté la révision de la Constitution• ratifiée par plébiscite•.

LA RÉPUBLIQUE CONFISQUÉE, 2 décembre 1851

■ La préparation du coup d'État

Les pouvoirs de Louis-Napoléon Bonaparte doivent expirer en mai 1852. Les bonapartistes réclament l'extension en durée du mandat présidentiel. L'Assemblée repousse la révision de la Constitution•. Il ne reste plus au président qu'à prolonger son mandat par la force. Aidé par son demi-frère Morny, il compose à sa guise le corps préfectoral, peuple la garde de Paris d'officiers dévoués, nomme Maupas préfet de police, constitue un ministère avec le général de Saint-Arnaud à la Guerre et un bonapartiste docile : Thorigny, à l'Intérieur.

■ Le « 18 Brumaire de Louis-Bonaparte »

Louis-Napoléon choisit exactement son jour, le 2 décembre, anniversaire du sacre de Napoléon et de la victoire d'Austerlitz, ce qui met l'entreprise sous le destin des Bonaparte. Au matin du 2, Paris est couvert d'affiches annonçant la dissolution de l'Assemblée législative, le rétablissement du suffrage universel•, la préparation d'une nouvelle Constitution•. Le peuple est convoqué pour un plébiscite•. Pour que le complot réussisse, les troupes ont occupé de nuit le Palais-Bourbon où siège l'assemblée et tous les points stratégiques, notamment l'imprimerie nationale. Républicains (Cavaignac) ou royalistes (Thiers, les généraux Changarnier, Lamoricière) ont été cueillis au saut du lit. Le 3, les membres du complot entrent dans un nouveau ministère : Morny, le demi-frère de Louis-Bonaparte, remplace Thorigny.

■ La répression des insurrections

A Paris, la résistance de la droite est faible. Quelques représentants de la gauche essayent de faire construire des barricades. Le 4, une colonne de soldats ouvre le feu tuant 300 personnes. En province, des insurrections éclatent, en particulier dans le midi. Elles révèlent l'enracinement de la République démocratique et sociale, dans une partie du peuple français. La répression est massive : 27000 arrestations, 15000 condamnations dont 9500 à la déportation en Algérie et en Guyane.

L'armée expulse de la mairie les députés du Xe arrondissement de Paris

☛ Par le coup d'Etat du 2 décembre, Louis-Napoléon Bonaparte confisque la République. Le Second Empire est officiellement proclamé le 2 décembre 1852, date fameuse et désormais quadruple anniversaire ! Mais, des quatre « 2 décembre », c'est le troisième qui — pour les républicains — devait seul rester symbolique, comme un « 2 décembre » tout court : la prise du pouvoir politique par la force armée.

PRÉHISTOIRE
ANTIQUITÉ
MOYEN ÂGE
ANCIEN RÉGIME
RÉVOLUTION
XIXe SIÈCLE
XXe SIÈCLE

L'Empire autoritaire

Le rétablissement de l'Empire est approuvé par plébiscite• le 21 novembre 1852. Napoléon III appuie son régime autoritaire et personnel sur une administration préfectorale docile, une police omniprésente qui contrôle étroitement la presse, les réunions et les opposants. La bourgeoisie se satisfait d'un empire autoritaire qui « tient » les masses ouvrières et permet la prospérité des affaires dans une conjoncture favorable. L'intervention française aux côtés des patriotes italiens et le traité de commerce avec l'Angleterre provoquent le mécontentement partiel des milieux catholiques et des milieux industriels qui retirent leur soutien au régime.

1852 NAPOLÉON III	25 décembre. Un sénatus-consulte• accroît les pouvoirs personnels de Napoléon III.
1853	Janvier. 6153 victimes de la répression restent en prison ou en exil. L'autorité du préfet, étroitement soumis au pouvoir, ne cesse de grandir. La vie politique est surveillée de très près par une police omniprésente qui contrôle la correspondance, les réunions. La presse est muselée par la pratique de l'autorisation préalable, du cautionnement, de l'avertissement. Une propagande officielle se développe dans les campagnes.
1854	22 juin. Une loi renouvelle, pour les ouvriers, l'obligation du port du livret.
1856	Mars. Naissance du prince impérial. Un an après l'exposition universelle, la situation est brillante, le régime est à son apogée : l'ordre règne partout. La propagande qui vante les bienfaits du régime réussit d'autant mieux qu'elle apparaît confirmée par la conjoncture (hausse des profits et de l'emploi) et qu'elle s'adresse à des Français globalement satisfaits. La quasi-totalité du clergé se rallie à l'Empire et n'hésite pas à glorifier le gouvernement.
1857	29 avril. Pour tester l'état de l'opinion publique, Napoléon dissout le corps législatif et convoque les électeurs en juin. Les « candidats officiels » recueillent 90 % des voix. Seuls cinq républicains (dont Émile Ollivier) sont élus.
1858	**L'attentat d'Orsini** (14 janvier). Le couple impérial échappe à un attentat meurtrier fomenté par le romagnol• Félice Orsini qui espérait, en supprimant l'empereur, provoquer une révolution qui gagnerait l'Italie. En réaction, le 27 février, une loi de sûreté générale est promulguée (430 condamnés à la déportation en Algérie).
1859	11 juin. Pour faire pénétrer le chemin de fer dans les régions déshéritées, l'Empire impose aux compagnies de construire des lignes de rendement aléatoire. En échange, il accorde une garantie d'intérêt aux souscripteurs de leurs emprunts.
1860	**« Le coup d'État douanier »** (23 janvier). Napoléon III veut aider les industriels et les compagnies ferroviaires à s'équiper à bon compte. Il prépare en secret un traité de commerce avec l'Angleterre. Conclu pour 10 ans, il ouvre largement le marché français aux produits anglais… ce qui irrite des industriels. Le 24 mars, moyennant la cession à la France de Nice et de la Savoie, l'empereur laisse le Piémont annexer des États insurgés dont la Romagne qui appartient au pape Pie IX, ce qui mécontente le clergé et les milieux catholiques.

LE MINISTÈRE DE L'ALGÉRIE, 24 juin 1858

■ La conquête achevée

Commencée comme une opération de simple police, la conquête de l'Algérie est achevée en 1857 avec la soumission de la Kabylie et la création de Fort-Napoléon. L'empereur laisse d'abord les militaires conduire une politique autoritaire. Le général Randon, nommé gouverneur général, contribue à fournir des terres aux colons par le système du « cantonnement ». On prélève des terres sur les domaines des tribus arabes et kabyles tout en leur accordant la propriété définitive du reste.

■ La politique d'assimilation

Par un décret du 24 juin 1858 est créé un ministère de l'Algérie et des colonies au profit du prince Jérôme-Napoléon, cousin de l'empereur. Le nouveau ministre veut substituer un régime civil au régime militaire et assimiler les musulmans. On projette des travaux d'irrigation et l'introduction de plantes nouvelles. La guerre d'Italie de 1859 et le mariage du prince Jérôme avec la princesse Clotilde, fille de Victor-Emmanuel roi de Piémont-Sardaigne, l'amènent à démissionner. Le 10 février 1860, le régime militaire avec un gouverneur général (les maréchaux Pélissier puis Mac-Mahon) est rétabli.

■ Vers un royaume arabe ?

Après deux voyages en Algérie, Napoléon III abandonne la politique d'assimilation et décide « de ne pas sacrifier 3 millions d'Arabes à 200000 colons dont 120000 Français ». C'est la politique du royaume arabe : l'empereur envisage la transformation de l'Algérie en un protectorat dont le gouvernement serait confié aux grands chefs musulmans. Le sénatus-consulte• de 1863 garantit aux indigènes la propriété de la terre ; celui de 1865 offre aux Arabes la possibilité de devenir citoyens français en gardant leur statut musulman. C'est la mesure la plus libérale et la plus hardie de notre législation coloniale mais elle échoue : une très faible minorité d'indigènes utilise ce droit.

La politique coloniale du Second Empire — fort libérale pour son temps — reste jusqu'au bout désordonnée et incohérente. Napoléon III hésite entre le développement de la colonisation par grandes sociétés et une politique favorable aux Arabes. Il se heurte à l'hostilité des autorités en place, à la rivalité des civils et des militaires, et surtout à la volonté des colons de refouler les Algériens et de s'approprier leurs terres.

Des colons entreposent la récolte du tabac algérien (1862)

L'Empire libéral

En 1860, devant la désaffection partielle des milieux catholiques et des milieux industriels, Napoléon III cherche à se concilier les opposants libéraux et les ouvriers. Le droit d'adresse est accordé aux assemblées, les ouvriers reçoivent le droit de grève. En 1867-68, de nouvelles mesures libérales sont prises : droit d'interpellation pour les députés, nouveau régime de la presse et des réunions publiques. Cette évolution est arrêtée par la guerre de 1870 : la défaite de Sedan provoque la chute d'un régime devenu parlementaire•.

1860 NAPOLÉON III	**Le droit d'adresse** (24 novembre). Un décret accorde aux assemblées le droit de voter une adresse annuelle au gouvernement. Les journaux ont, désormais, le droit de publier in extenso les débats des deux assemblées : le pays ne sera plus tenu dans l'ignorance.
1862	Une délégation ouvrière est envoyée à l'exposition universelle de Londres où elle rencontre les « syndicats » anglais. Sur leur exemple, elle en profite pour réclamer les droits de coalition et d'association.
1863	30-31 mai. 32 opposants (dont 17 républicains) sont élus au Corps législatif. 18 octobre. Fondation du Crédit lyonnais. L'État encourage la constitution de grandes banques d'affaires et de dépôts, autorise les sociétés à responsabilité limitée et reconnaît légalement la valeur du chèque (1865).
1864	17 février. 60 ouvriers de la Seine proclament dans le « Manifeste des 60 » que les ouvriers constituent « une classe spéciale ayant besoin d'une représentation directe ». **Le droit de coalition** (25 mai). Émile Ollivier est le rapporteur de la loi qui légalise la grève des ouvriers, à condition qu'il ne soit pas porté atteinte à la liberté du travail. Les organisations syndicales sont tolérées, mais les grèves qui éclatent alors montrent que si les travailleurs utilisent largement leurs nouveaux droits, ils ne se rallient pas à l'Empire.
1867	**Le droit d'interpellation** (19 janvier). Le droit d'adresse est remplacé par le droit d'interpellation•. Les ministres concernés par une demande d'explication viendront défendre leur politique devant les députés du Corps législatif.
1868	11 mai. Une loi sur la presse supprime l'autorisation préalable• et les avertissements•. 6 juin. Une loi octroie la liberté des réunions électorales.
1869	23-24 mai. Les élections législatives amènent 74 opposants (dont 25 républicains).
1870	20 avril. Une « nouvelle Constitution » est promulguée : elle accorde le pouvoir législatif• aux deux chambres et admet le principe de la responsabilité• ministérielle. Le régime devient parlementaire•. Pour désarmer l'opposition, Napoléon III recourt au plébiscite• et « retrouve son chiffre » : 7350000 oui approuvent les réformes. **Napoléon III, prisonnier** (1er septembre). Napoléon III est tombé dans le piège tendu par le chancelier Bismarck et a engagé la France dans la guerre contre la Prusse. Il est fait prisonnier à Sedan. Le 4 septembre, Léon Gambetta proclame, dans Paris en révolution, la déchéance de l'Empire.

LA COMMUNE, 26 mars - 28 mai 1871

■ Paris assiégé

(19 septembre 1870 - 28 janvier 1871)

Avec la défaite de la France devant l'Allemagne, Paris est encerclé. La faim, le bombardement, quatre mois de siège pendant l'hiver le plus froid du siècle éprouvent cruellement Paris. Patriotes, les Parisiens condamnent la politique du gouvernement de la Défense nationale qui a succédé à l'Empire. La signature de l'armistice les scandalise. Les élections législatives du 8 février 1871, organisées à la demande du chancelier allemand Bismarck qui souhaite traiter avec des élus incontestés du pays, prouvent que Paris est jacobin et pour la guerre ; que la province — sauf dans l'est et les grandes villes — est monarchiste et pour la paix.

■ Paris insurgé

Le 10 mars, le gouvernement légal présidé par Thiers, en s'installant à Versailles, paraît « décapitaliser » Paris. Ses troupes essaient, en vain, de récupérer les 227 canons de la Garde nationale regroupés à Montmartre. Paris se rebelle. Le 26 mars, une Commune est élue qui s'érige en gouvernement insurrectionnel sous l'emblême du drapeau rouge. Son programme social interdit les amendes sur les salaires, abolit le travail de nuit des ouvriers boulangers, prévoit une instruction gratuite, obligatoire et laïque, jette les bases d'importantes réformes.

■ Paris ensanglanté

130000 Versaillais — dont nombre de prisonniers libérés par Bismarck — se rassemblent sous le commandement de Mac-Mahon contre 20000 insurgés, ouvriers et artisans parisiens. Un second siège de Paris commence. L'assaut est donné le 21 mai. Aux exécutions sommaires du petit peuple de Paris répondent les exécutions d'otages par les communards. « La Semaine Sanglante » s'achève le 28 mai dans le cimetière du Père-Lachaise. La répression est atroce : 25000 fusillés sommairement, 4586 déportés, 4606 condamnés à la prison. Elle dure pendant deux ans encore, écrasant pour longtemps le mouvement ouvrier.

☛ Dernière des grandes révolutions parisiennes, la Commune est à la fois un sursaut patriotique, un mouvement républicain et égalitaire et un mouvement de révolte contre l'autorité de l'État. Première révolution ouvrière, elle est devenue, depuis l'interprétation qu'en donne Karl Marx, le symbole d'un mouvement révolutionnaire anticapitaliste.

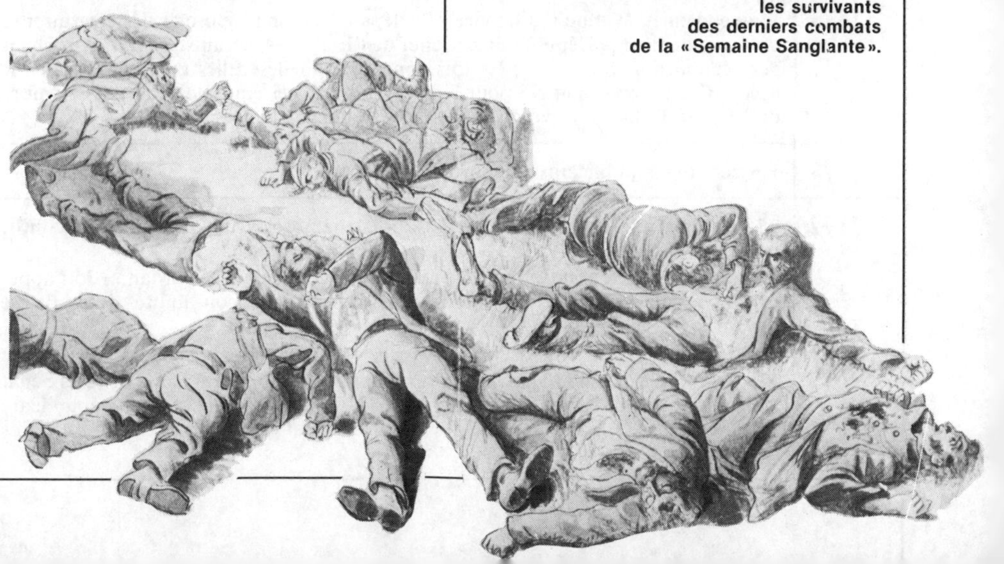

Le 28 mai, les Versaillais exécutent contre « le Mur des Fédérés » au cimetière du Père-Lachaise, les survivants des derniers combats de la « Semaine Sanglante ».

La IIIe République

Le gouvernement républicain s'installe dans un pays en guerre. Les élections de février 1871 favorables aux monarchistes amènent le soulèvement populaire de la Commune de Paris. Réunie à Versailles, l'Assemblée décide le siège de Paris. L'écrasement des « communards » permet l'installation « d'une République sans républicains ». La Constitution de 1875 confie le pouvoir législatif• à deux assemblées élues qui désignent pour 7 ans le Président, chef de l'exécutif•. En 1876, la nouvelle chambre des députés est à majorité républicaine. Le Président Mac-Mahon, chef de la politique de « l'ordre moral » la dissout en juin 1877... mais doit se démettre en janvier 1879.

1871 ADOLPHE THIERS	8 février. L'Assemblée nationale comprend une majorité de monarchistes, divisés entre légitimistes• et orléanistes•. Thiers est désigné comme « chef du pouvoir exécutif ». **Le traité de Francfort** (10 mai). Thiers négocie les conditions de la paix avec le chancelier allemand Bismarck. Au traité de Francfort, la France perd l'Alsace-Lorraine et doit une indemnité de 5 milliards de francs-or. 28 mai. La « Semaine Sanglante » s'achève. Les troupes versaillaises ont écrasé l'insurrection et répriment les « communards ». Le mouvement ouvrier est brisé. 2 juillet. Malgré l'écrasement de la Commune, les républicains progressent aux élections partielles. Thiers reste au pouvoir avec le titre de « président de la République ». Il confirme la centralisation administrative (maires des villes nommés, conseils généraux placés sous la tutelle des préfets,...). Thiers obtient l'évacuation du territoire pour septembre 1873.
1873 MARÉCHAL DE MAC-MAHON	24 mai. Thiers s'étant prononcé pour une République conservatrice, l'Assemblée le remplace par un légitimiste• : le maréchal de Mac-Mahon. Le duc de Broglie forme un gouvernement « d'ordre moral » : pèlerinages à Lourdes, surveillance des journaux et des débits de boissons, respect des valeurs religieuses,... **Le drapeau blanc** (30 octobre). Petit-fils de Charles X, le comte de Chambord, légitimiste•, refuse d'admettre les principes de 1789 et de renoncer au symbolique drapeau blanc. Son obstination rend la restauration monarchique impossible.
1875	**L'amendement Wallon** (30 janvier). Le député Wallon propose de désigner du titre de « président de la République » le chef de l'État. Les orléanistes• se rapprochent des républicains pour voter les lois constitutionnelles. Elles confient le pouvoir exécutif• à un président élu pour 7 ans ; 2 assemblées élues (le Sénat, la Chambre des députés) ont le pouvoir législatif• et désignent le président.
1876	Février. Les républicains remportent les élections législatives.
1877	25 juin. Le président Mac-Mahon dissout la chambre avec laquelle il est en conflit depuis le 16 mai. Octobre. Les électeurs réélisent une chambre républicaine. Mac-Mahon doit appeler au pouvoir des républicains modérés et accepter la responsabilité• du ministère devant les assemblées.
1879	Mac-Mahon se démet (30 janvier). Les républicains obtiennent la majorité au Sénat (5 janvier). Mac-Mahon démissionne le 30, il est remplacé par un républicain modéré : Jules Grévy. Chambre des députés, Sénat et Présidence sont aux mains des républicains.

LA PERTE DE L'ALSACE-LORRAINE, 10 mai 1871

■ La résistance héroïque

Annexée contre sa volonté par le traité de Francfort du 10 mai 1871 et proclamée « terre d'Empire », l'Alsace-Lorraine subit jusqu'en 1874 une dictature militaire. 250000 Alsaciens-Lorrains, abandonnant leurs biens, vont s'établir en France ; de nombreux conscrits, pour échapper au service militaire obligatoire, désertent. De 1879 à 1888 alternent souplesse (octroi d'une certaine autonomie) et manière forte. Les Alsaciens-Lorrains résistent systématiquement à la germanisation qu'on leur impose. Expulsions, emprisonnements, mesures contre la langue française aggravent la tension franco-allemande.

■ Le deuil des « provinces perdues »

La France ne se résigne pas à la perte de l'Alsace-Lorraine.

« Je vis les yeux fixés sur la frontière,
Et, front baissé, comme un bœuf au labour,
Je vais rêvant à notre France entière,
Des murs de Metz au clocher de Strasbourg... »

Lus, appris et récités dans les écoles, les poèmes patriotiques de Paul Déroulède entretiennent dans la conscience nationale le souvenir des « provinces perdues ». Ils rappellent à tous qu'un jour, « lorsque nous aurons fait la guerre triomphante », la patrie meurtrie reprendra l'Alsace-Lorraine.

■ Le particularisme alsacien

Opposée à la politique anticléricale de la IIIe République, la nouvelle génération arrivée à l'âge adulte (qui n'a pas connu le régime français) revendique moins son retour à la France que l'octroi de l'autonomie. Le mouvement « autonomiste » alsacien souhaite un statut d'État confédéré. Après avoir abandonné, dès 1890, les mesures de rigueur, l'empereur Guillaume II se décide à accorder, en 1911, une constitution libérale. Mais le personnel administratif restera allemand. L'opinion alsacienne, déçue, manifeste son opposition à la germanisation ; les incidents se multiplient. En 1914, le chef de la police de Berlin avoue : « Nos soldats en Alsace-Lorraine campent en pays ennemi. »

L'Alsace apprend à marcher au pas (1911)

La question d'Alsace-Lorraine a, de 1871 à 1918, hypothéqué les rapports entre la France et l'Allemagne ; elle a exalté en France le nationalisme. En 1919, la France fait un symbole du retour des « provinces perdues ». Contrairement à la procédure définie par le traité de Versailles en ce qui concerne les annexions territoriales, Georges Clemenceau obtient de réintégrer l'Alsace-Lorraine à la France sans consultation électorale.

La République opportuniste

Depuis 1879, la République est désormais aux mains des républicains divisés en opportunistes• et radicaux•. Sous les ministères Ferry, les libertés de réunion, de la presse et d'association sont reconnues. Les libertés municipales sont renforcées ; l'instruction primaire gratuite, obligatoire et laïque répand les idées républicaines. Outre son œuvre scolaire, Jules Ferry met en place une politique de conquête coloniale. Mais les difficultés économiques nées de la récession font de nombreux mécontents contre le gouvernement opportuniste•. Un vaste mouvement antiparlementaire — le boulangisme — menace un moment la République... avant de s'effondrer.

1880 JULES GRÉVY	**Premier ministère Jules Ferry** (25 septembre 1880 - 10 novembre 1881). L'enseignement secondaire public des jeunes filles, fondé par Victor Duruy sous Napoléon III est réorganisé ; des lycées de jeunes filles sont créés (21 décembre) pour « donner des compagnes républicaines aux républicains ».
1881	12 mai. Suite à une intervention militaire en Tunisie, le Bey reconnaît le protectorat de la France en Tunisie. 16 juin. L'enseignement primaire est décrété gratuit. Puis, le 30, la loi sur les réunions publiques supprime l'autorisation préalable. Le 29 juillet, une loi assure la liberté de la presse : il n'y a plus ni cautionnement, ni autorisation préalable, ni censure.
1882	**Krach de l'Union générale** (19 janvier). La faillite de cette banque ruine de nombreux épargnants. Désormais, au lieu de se diriger vers les entreprises industrielles et commerciales, les épargnants français se replient sur les titres à revenus fixes, les emprunts d'État. En raison de la dépression mondiale, l'essor économique se ralentit et le chômage s'accroît. 28 mars. L'enseignement primaire est décrété laïc et obligatoire de 6 à 13 ans.
1883 **1884**	**Second ministère Jules Ferry** (21 février 1883 - 30 mars 1885). Jules Ferry entreprend la conquête de l'Annam qui, le 23 août, se place sous protectorat français. Le 21 mars 1884, la loi Waldeck-Rousseau autorise les syndicats professionnels et donne la liberté d'association. La loi municipale du 5 avril 1884 étend l'élection des maires par le conseil municipal à toutes les communes de France, sauf Paris.
1886	7 janvier. Connu comme un des rares généraux républicains, le général Boulanger devient ministre de la Guerre. Quelques mesures le rendent très populaire : ordinaire du soldat amélioré, projet de réduction du service militaire de 5 à 3 ans,...
1887	**Affaire Schnaebelé** (20-30 avril). Boulanger profite de l'arrestation par les Allemands d'un commissaire de police français, Schnaebelé, pour apparaître comme « le général revanche » qui fait reculer Bismarck. **Scandale des décorations** (2 décembre). Le président de la République Jules Grévy est compromis par son gendre qui fait attribuer la légion d'honneur à qui sait le dédommager, et démissionne. Le clan boulangiste en profite pour rassembler nationalistes, bonapartistes, monarchistes... et même certains radicaux derrière un programme antiparlementaire.
1889 SADI CARNOT	27 janvier. Après avoir remporté de multiples élections partielles, Boulanger est élu à Paris. Ses partisans le pressent de marcher sur l'Élysée. Persuadé d'arriver au pouvoir par les voies légales, il refuse. Le boulangisme s'effondre.

JULES FERRY, 1832-1893

« Ferry-Famine »

Né le 5 avril 1832 à Saint-Dié (Vosges), issu d'une riche famille bourgeoise lorraine, avocat et journaliste, Jules Ferry se range dans l'opposition républicaine au Second Empire. Élu député de Paris en 1869 il est, après le 4 septembre 1870, nommé maire de Paris et préfet de la Seine. A ce titre, il doit imposer des restrictions alimentaires pendant le siège de la capitale ce qui lui vaut le surnom de « Ferry-la-Famine ». Il doit fuir Paris le 18 mars 1871, au début de la Commune.

Le père fondateur de l'école laïque

Républicain opportuniste, il pense que les réformes doivent être réalisées en temps opportun avec une sage lenteur. Pourtant, franc-maçon, positiviste et anticlérical, il souhaite bâtir sur l'école la France républicaine et laïque. Ministre de l'Instruction publique (février 1879-novembre 1881 ; janvier-août 1882 ; février-novembre 1883) et président du Conseil (septembre 1880-novembre 1881), il donne à l'État le droit exclusif de conférer les grades universitaires, prononce la dissolution des Jésuites et astreint les autres congrégations à demander l'autorisation gouvernementale. Il étend aux jeunes filles le bénéfice de l'enseignement secondaire d'État (loi C. Sée, 21.12.1880), crée des lycées et collèges de jeunes filles, une École normale supérieure féminine, à Sèvres, et une agrégation féminine. Surtout, il rend l'enseignement primaire gratuit (loi du 16 juin 1881), obligatoire de 6 à 13 ans et laïque (loi du 28 mars 1882). L'instituteur devient un des piliers du régime : « hussard noir de la République », il diffuse les devoirs du citoyen, le patriotisme et la morale républicaine.

« Ferry-Tonkin »

Lié aux milieux industriels du textile, il se fait l'apôtre de l'essor industriel et commercial et de l'expansion coloniale. Pour permettre à la France de s'assurer des débouchés économiques et de renforcer son prestige international, il impose le protectorat français à la Tunisie. Contre la double opposition de la droite « revancharde » et de l'extrême-gauche radicale, il se fait le champion de l'impérialisme colonial. Au cours de son second cabinet (février 1883-mars 1885), il établit la présence française à Madagascar, soumet l'Annam au protectorat et décide la conquête systématique du Tonkin. L'annonce du massacre de la garnison de Lang-Son par les Chinois provoque à la Chambre une furieuse attaque de Clemenceau, qui n'hésite pas à accuser Ferry de haute trahison. Renversé par les députés et devenu « Ferry-le-Tonkinois », sa candidature à la présidence de la République (1887) faillit provoquer une émeute. Hostile au boulangisme, il n'est pas réélu en 1889, mais il entre au Sénat dont il devient président à la veille de sa mort le 17 mars 1893.

En dépit de l'importance capitale de son œuvre en deux domaines (l'enseignement et l'expansion coloniale) Jules Ferry ne devait jamais connaître la popularité et mourut même détesté. Mais il est resté dans l'histoire comme le symbole même de la politique scolaire de la IIIe République, le père fondateur de l'école primaire gratuite, obligatoire et laïque, c'est-à-dire religieusement neutre et politiquement républicaine.

Portrait de Jules Ferry en président du Sénat

La République modérée

Les années 90 sont marquées par une orientation conservatrice favorisée par le « ralliement » des catholiques à une République modérée. A la lutte prioritaire contre la droite monarchiste et catholique succède le combat contre la gauche radicale et socialiste. Dès 1885, les différentes « sectes » socialistes, malgré leurs divisions, conquièrent des sièges à la Chambre. Les modérés au pouvoir répriment sévèrement les mouvements ouvriers. Mais ils sont mis en difficultés par le scandale de Panama et l'anarchisme.

1889 SADI CARNOT	22 septembre-6 octobre. Aux élections législatives, les républicains enlèvent 366 sièges, les socialistes 20. Brisé lors de la répression de la Commune, le mouvement socialiste se réorganise depuis le retour des chefs communards amnistiés en 1880. 1881 : 1 élu; 1885 : 12 élus à la chambre.
1890	« **Toast d'Alger** » (12 novembre). Au cours d'une réception des officiers monarchistes de la flotte, l'archévêque Lavigerie préconise le « ralliement » des catholiques à la République.
1891	**La fusillade de Fourmies** (1er mai). Depuis 1890, les travailleurs célèbrent le 1er mai comme fête du travail. A l'appel de guesdistes•, les ouvriers réclament la journée de 8 heures et manifestent à Fourmies. La troupe intervient. Bilan : 9 morts (dont 2 enfants, 4 jeunes filles) et 35 blessés !
1892	« **Le scandale de Panama** ». Il révèle que la Compagnie de Panama, mise en faillite en 1889, a acheté par des chèques la complaisance de 104 députés. La droite nationaliste accuse un régime de « corrompus ». Le scandale discrédite, pour un temps, le personnel en place.
1893	20 août. Les élections amènent à la Chambre 50 socialistes dont Jules Guesde et Jean Jaurès, député des mineurs de Carmaux qu'il avait âprement défendus lors de leur grande grève de 1892.
1894 JEAN CASIMIR-PERIER	**Assassinat de Sadi Carnot** (24 juin). Une partie de la classe ouvrière ne se reconnaît pas dans une République née du massacre des communards et si timide en matière sociale. Ce refus de « l'ordre bourgeois » nourrit les attentats et aboutit à l'assassinat du président de la République. Pourchassé, l'anarchisme se réfugie dans l'action syndicale.
1895 FÉLIX FAURE	23-28 septembre. Le congrès constitutif de la CGT se réunit à Limoges. La Confédération générale du travail vise à unifier toutes les forces syndicales. Elle admet, « en dehors de toutes les écoles politiques », syndicats, unions et fédérations de métiers.
1898	« **J'accuse** » (13 janvier). *L'Aurore* publie à 300000 exemplaires une « lettre au président de la République » signée Emile Zola et coiffée par Clemenceau d'un titre foudroyant : « J'accuse ». Le drame du capitaine Dreyfus va devenir « l'affaire ». Cependant, les élections de mai ne se font pas sur l'affaire Dreyfus. La Chambre de 1898 ne diffère guère de celle de 1893 : majorité de modérés (250 sièges); Guesde est battu à Roubaix, le dreyfusard Jaurès perd son siège à Carmaux.

L'AFFAIRE DREYFUS : 13 janvier 1898

■ Une affaire d'espionnage

Le 15 octobre 1894, un officier israélite, le capitaine Alfred Dreyfus, accusé d'espionnage au profit de l'Allemagne, sur la base de preuves fragiles, est arrêté. Traduit devant un conseil de guerre, il est cassé de son grade, déporté à l'île du Diable en Guyane. La presse nationaliste et antisémite, comme la « Libre Parole » de Drumont, se félicite d'un tel jugement. La famille, les amis de Dreyfus, persuadés de son innocence, cherchent à la démontrer. Le 13 janvier 1898, dans une lettre ouverte au Président de la République, Émile Zola relance l'affaire. « J'accuse », paru dans *L'Aurore*, dénonce les mensonges, les manœuvres des généraux qui protègent le vrai coupable, le commandant Esterhazy.

Ne parlons pas de l'affaire...

■ Une crise de conscience

Désormais, l'opinion publique se déchire. Les anti-dreyfusards s'attaquent, à travers les « juifs » et les « traitres vendus à l'Allemagne », à la République. Au nom de « l'honneur de l'armée », ils refusent toute remise en cause du jugement du conseil de guerre. Les dreyfusards veulent faire triompher la justice, la vérité et les droits de l'homme. La presse orchestre l'« Affaire ». En juin 1899, la crise atteint son sommet. Profitant du courant antidreyfusard, la droite nationaliste, militariste et antisémite, menée par Paul Déroulède et sa « ligue des patriotes » tente de former une coalition anti-républicaine.

■ Les retombées de « l'affaire »

Face au danger, les républicains, des modérés aux socialistes, s'unissent pour former un gouvernement de défense républicaine dirigé par Waldeck-Rousseau de juin 1899 à 1902. La crise accentue l'opposition entre la droite nationaliste, militariste et cléricale et la gauche démocratique qui s'unit, radicaux en tête, pour épurer l'armée et réduire l'influence de l'Eglise. Waldeck-Rousseau limoge plusieurs généraux et s'en prend aux catholiques et au clergé qui, dans leur majorité, sont entrés dans la lutte politique et ont soutenu les antidreyfusards. Dreyfus est grâcié le 19 septembre 1899, mesure qui ne satisfait pas les dreyfusards. Ce n'est qu'en 1906 qu'il est reconnu innocent et réintégré dans l'armée avec le grade de commandant.

☛ « L'affaire » est à la fois symptomatique de l'époque et annonciatrice de notre présent : révélatrice du XIXe siècle, elle montre l'exaspération xénophobe qui dégénère en espionnite anti-allemande ; annonciatrice du XXe siècle, elle révèle la puissance nouvelle de la presse écrite, l'engagement des intellectuels et la nécessité, pour les gouvernants, de tenir compte de l'opinion publique.

Ils en ont parlé ! (dessin de Caran d'Ache)

La République anticléricale

A la suite de l'« affaire », la France apparaît partagée en deux camps : dreyfusards à gauche qui veulent que soit reconnue l'innocence de Dreyfus ; antidreyfusards (nationalistes, catholiques, monarchistes) qui songent avant tout à sauver « l'honneur de l'Armée ». Pour préserver la République contre l'agitation nationaliste, les républicains, des modérés à Millerand, s'unissent pour former un ministère de « Défense républicaine » qui poursuit les antidreyfusards et mène une politique anticléricale. A l'extérieur, la crise marocaine provoque quelques remous dans l'opinion.

1899 ÉMILE LOUBET	**Ministère Waldeck-Rousseau** (22 juin). Un ministère de « Défense républicaine », présidé par Waldeck-Rousseau est formé. Il réprime les chefs des ligues antidreyfusardes, limoge des généraux et surveille les congrégations religieuses.
1901	1er juillet. La loi sur les associations assure, à condition d'être déclarée, la liberté aux associations laïques. Waldeck Rousseau reproche aux congrégations religieuses leur influence sur la jeunesse, mais il applique avec modération la loi de 1901 qui oblige ces congrégations à solliciter l'autorisation du Parlement.
1902	**Ministère Combes** (6 juin). Les radicaux l'ayant emporté aux élections, le sénateur radical Combes forme le gouvernement. Il adopte un anticléricalisme militant, applique avec rigueur la loi de 1901, refuse les autorisations demandées et expulse de nombreuses congrégations.
1904	8 avril. En échange d'une renonciation française à l'Égypte, l'Angleterre reconnaît à la France « le droit de veiller sur la tranquilité du Maroc ». C'est l'Entente cordiale. 5 juillet. Une loi interdit l'enseignement à toutes les congrégations, autorisées ou non. Combes rompt les relations diplomatiques avec le Vatican et le pape Pie X (30 juillet).
1905	**« Coup de Tanger »** (31 mars). En visite au Maroc, l'empereur d'Allemagne Guillaume II affecte d'ignorer protocolairement la France, pourtant « protectrice du Maroc ». Il provoque une grave crise diplomatique réglée par la démission de Delcassé, ministre des Affaires étrangères depuis juin 1898. **Séparation de l'Église et de l'État** (9 décembre). La loi reconnaît la liberté de conscience et de culte, mais la République ne reconnaît, ne salarie, ne subventionne aucun culte. C'est la fin du Concordat de 1801. Il est décidé de procéder aux « Inventaires » des biens d'Église. Des catholiques s'y opposent.
1906 ARMAND FALLIÈRES	26 avril. Le parti socialiste unifié, Section française de l'Internationale ouvrière est créé. L'« Humanité », le journal de Jaurès, devient pour 15 ans celui de la SFIO. 14 octobre. Au congrès d'Amiens, la CGT affirme dans une charte son indépendance à l'égard de tous les partis politiques et assure que le mouvement syndical doit être révolutionnaire, antimilitariste et doit agir par le sabotage de la production et la grève générale. C'est « l'anarcho-syndicalisme » qui l'emporte au sein de la CGT.

INVENTAIRE DE L'ÉGLISE DE BOESCHÈPE, 6 mars 1906

Les inventaires

Le 6 mars 1906, à Boeschèpe, les paysans flamands s'opposent à l'inventaire des biens de leur église. Un jeune manifestant, Ghysel, est tué. Sa mort amène la chute du cabinet Rouvier, auteur de la loi de Séparation de l'Église et de l'État. Des incidents moins dramatiques ont commencé à Paris le 1er février à l'église Sainte-Clothilde. Il s'agit d'interdire l'inventaire des objets qu'elle contient. On se barricade dans l'église en renforçant les lourdes portes de chaises amoncelées. Les hommes s'arment de cannes, de pierre. Les portes sont enfoncées à coups de hache et l'expulsion des barricadés se fait sans douceur. A la fin du mois, ces incidents gagnent la province : la Vendée, les montagnes du Velay, les Pyrénées et la Flandre. Dans les Pyrénées, les Basques amènent des ours à la porte des églises pour en interdire l'accès aux forces de l'ordre. Dans la Haute-Loire et en Lozère, pas un seul inventaire ne peut être réalisé devant la mobilisation paysanne déclenchée par ces mesures.

La séparation

Résultat de quinze mois de subtiles tractations, la loi du 9 décembre 1905 annonce que « la République ne reconnaît, ne salarie ni ne subventionne aucun culte ». Les biens des paroisses iront, après inventaire, à des associations de fidèles, dites « associations cultuelles ». Églises et presbytères demeurent propriété publique. « Loi de tolérance et d'équité » se félicite Aristide Briand, rapporteur du texte. Mais les inventaires des biens d'Église se heurtent, à partir de février 1906, à l'opposition violente des catholiques intransigeants. Le pape Pie X condamne la rupture unilatérale du Concordat de 1801 et interdit la constitution des « cultuelles »•

La fin de la politique anticléricale

Dès le 16 mars, Clemenceau, ministre de l'Intérieur, invite les préfets à suspendre les inventaires « afin de ne pas faire tuer des hommes pour compter des chandeliers ». On est à un mois et demi des élections et le maintien du calme républicain est payant. Les élections de mai démontrent le caractère ultra-minoritaire des incidents : nulle part les catholiques n'en bénéficient. Au printemps 1907, une loi du ministère Clemenceau défère à l'Assistance publique les biens des évêchés et des paroisses, laissant au clergé et aux fidèles la disposition gratuite des églises. Le culte est assimilé à une réunion publique. La Séparation enlève bien des arguments à l'anticléricalisme qui commence alors à s'atténuer.

☛ Paysans isolés dans leurs montagnes et leurs bocages, sous-politisés, la grande majorité des émeutiers, des inventaires sont les laissés-pour-compte de la France des chemins de fer et des marchés, de la France moderne. Ils ne connaissent l'État que comme oppresseur. Ainsi s'explique la haine qu'ils manifestent non seulement contre les gendarmes mais surtout contre les percepteurs, ces agents du fisc républicain successeur du fisc royal.

Forces de l'ordre et paroissiens s'affrontent

La montée des périls

La solidarité des gauches joue encore aux élections de 1906 qui voient la victoire du radicalisme. Le ministère radical de Clemenceau ne peut guère réaliser ses projets de réformes et réprime une vive agitation sociale. Avec la rupture du bloc des gauches, l'instabilité ministérielle réapparaît tandis qu'une seconde crise marocaine inquiète l'opinion. Les modérés reviennent au pouvoir et font adopter le retour du service militaire de trois ans. Mais les gauches refont leur union et l'emportent aux élections de 1914. La déclaration de guerre entraîne le ralliement de la CGT et de la SFIO à l'« Union Sacrée ».

1906 ARMAND FALLIÈRES	**Ministère Clemenceau** (25 octobre 1906 - 20 juillet 1909). Clemenceau se propose de réaliser des réformes « radicales » : impôt sur le revenu, retraites ouvrières... Il crée le premier ministère du Travail et de la Prévoyance sociale.
1908	**Villeneuve-Saint-Georges** (30 juillet). Pour mettre fin à une grève, Clemenceau envoie la troupe. Résultat : 4 morts, 100 blessés. Face à cette agitation sociale, Clemenceau discrédite les meneurs syndicalistes, fait arrêter les secrétaires de la CGT. Il devient le « premier flic de France ».
1909	10 octobre. Devenu président du Conseil, Briand n'hésite pas à mobiliser les cheminots en grève au grand scandale de ses anciens amis socialistes qui y voient une atteinte au droit de grève.
1910	Aucune majorité ne sort des élections législatives. Les socialistes refusant de soutenir des ministères radicaux, l'instabilité ministérielle réapparaît (neuf cabinets en quatre ans !).
1911	**Le coup d'Agadir** (1er juillet). Sous prétexte d'une révolte des tribus marocaines, la France envoie des troupes. L'Allemagne réplique par l'envoi d'une canonnière devant Agadir. Un accord franco-allemand (4 novembre) règle la seconde crise marocaine... mais mécontente les nationalistes des deux pays...
1912	14 janvier. Les modérés reviennent au pouvoir. Les problèmes extérieurs et les exigences de la défense nationale passent au premier plan. Poincaré s'attache à resserrer les alliances de la France avec la Grande-Bretagne et la Russie.
1913 RAYMOND POINCARÉ	**La loi de 3 ans** (7 août). L'état-major et la droite réclament le retour au service national de trois ans. Par pacifisme et antimilitarisme, la gauche y est hostile. La loi est finalement votée le 7 août.
1914	26 avril - 10 mai. Aux élections législatives, socialistes et radicaux font campagne pour l'abrogation de la loi de 3 ans et l'établissement de l'impôt sur le revenu. Ils enlèvent la majorité absolue. Le 13 juin, Viviani forme un gouvernement radical que la SFIO soutient sans y participer. L'impôt sur le revenu est voté, mais la loi de trois ans est maintenue provisoirement... 3 août. L'Allemagne déclare la guerre à la France.

LA FRANCE MOBILISE... 1er août 1914

■ Le prétexte : l'attentat de Sarajevo

Le 28 juin 1914, l'archiduc-héritier d'Autriche, François-Ferdinand, est assassiné par Princip, un étudiant bosniaque membre d'une société secrète en relations avec les Serbes. Le gouvernement et l'état-major de Vienne estiment que le moment est venu de saisir ce prétexte pour régler définitivement son compte à la Serbie. Tandis que Nicolas II et Poincaré négocient à Saint-Pétersbourg le resserrement de l'alliance franco-russe, l'Autriche-Hongrie prépare, en accord avec l'Allemagne, un ultimatum que la Serbie refuse, puis déclare la guerre à ce pays le 28 juillet.

■ Le jeu des alliances militaires

Les militaires pèsent sur les décisions et déclenchent un engrenage irréversible. L'acuité des tensions et le jeu des alliances transforment une crise régionale en un conflit militaire à l'échelle de l'Europe. Le 30 juillet, la Russie mobilise. Le 31, l'Allemagne la somme d'arrêter sa mobilisation et adresse un ultimatum à la France. Le 1er août, elle décrète la mobilisation générale et déclare la guerre à la Russie. Le 3, elle engage les hostilités contre la France. Le 4 août, le Royaume-Uni déclare la guerre à l'Allemagne qui a violé la neutralité de la Belgique.

■ La France mobilise

Le 1er août, le gouvernement français ayant répondu à un ultimatum de Berlin que la France agira « selon ses intérêts », le pays se couvre d'affiches annonçant la mobilisation générale ; les cloches des églises sonnent le toscin. La stupeur et la résignation ne tardent pas à se transformer en détermination devant une guerre inéluctable dont on est persuadé qu'elle sera courte. L'assassinat de Jaurès, la veille, laisse le champ libre aux champions de l'Union Sacrée au point que le ministre de l'Intérieur Malvy n'a même pas besoin de faire procéder aux arrestations de militants pacifistes prévues par le « carnet B »•.

La crise balkanique s'est transformée en un conflit européen généralisé : d'un côté, la Triple Entente (Russie, France, Royaume-Uni) ; de l'autre, les Empires centraux (Autriche-Hongrie, Allemagne). L'entrée en guerre de la Turquie (octobre 1914) et de la Bulgarie (octobre 1915) aux côtés des Empires centraux ; celle du Japon (août 1914), de l'Italie (mai 1915), du Portugal (mars 1916), de la Roumanie (août 1916), des États-Unis (avril 1917) et de la Grèce (juin 1917) transforment ce conflit européen en Première Guerre « mondiale » de l'histoire.

Si l'on en reste aux idées reçues, la mobilisation française en 1914 s'est faite dans l'enthousiasme

La réalité était tout autre : c'est avec réticence que les hommes partirent, même si certains voyaient là l'occasion d'une revanche

L'« Union Sacrée »

Socialistes et syndicalistes se rallient massivement à la défense nationale : c'est l'Union Sacrée. L'échec des grandes offensives de 1914 conduit à un conflit de longue durée marqué par la guerre des tranchées à l'ouest, le recul russe à l'est. A l'arrière, on assiste à une véritable mobilisation économique. En 1915, les Alliés lancent sans succès deux grandes offensives en Artois et dans les Balkans. En 1916 l'offensive allemande conduit à l'« enfer de Verdun ».

1914	4 août. Dans un discours improvisé devant le cercueil de Jaurès (assassiné le 31 juillet), Jouhaux, secrétaire général de la CGT proclame son ralliement à la guerre qui commence. Face au péril extérieur, les forces politiques opposées taisent leurs hostilités. Jusqu'en novembre 1917, les socialistes participeront aux gouvernements.
RAYMOND POINCARÉ	**Les taxis de la Marne** (6-10 septembre). Après avoir enfoncé le front français à la frontière belge, les Allemands, délaissant Paris, franchissent la Marne. 2 millions d'hommes s'opposent, de Verdun à Paris, sur 300 km. Attaqués de flanc par des troupes venues de Paris et transportées par taxis, les Allemands reculent. Le général Joffre est le grand vainqueur de la Marne. Septembre. La « course à la mer » commence. Les Allemands cherchent à déborder les armées franco-anglaises par l'ouest. **La guerre de tranchées.** Dès novembre, le front se stabilise de la mer du Nord à la Suisse : les armées s'enterrent. Sur 780 km, la guerre de mouvement devient guerre d'usure : aux grandes percées de toute une armée font place les combats au corps à corps pour conquérir ou conserver un fort, une position ou une tranchée.
1915	**La guerre navale.** Torpillage du *Lusitania* par les Allemands (7 mai) et bataille du Jutland (31 mai-1er juin). La flotte allemande se replie. Mai-juin. Pour soulager les Russes dont l'armée a reculé de plus de 500 km, Joffre lance une offensive en Artois. Pour secourir l'armée russe, la flotte franco-anglaise a tenté en vain de forcer les Dardanelles, détroits tenus par les Turcs, alliés des Allemands depuis octobre 1914. En mai 1915, l'Italie rejoint les Alliés, mais l'intervention bulgare aux côtés de l'Autriche (octobre) entraîne l'écrasement de la Serbie. Septembre-octobre. L'offensive franco-anglaise en Champagne se traduit par des pertes effroyables dans le camp allié. (Entre mai et octobre, cette stratégie de « grignotage » coûte à l'armée française 348000 morts et deux fois plus de blessés !)
1916	**Verdun** (21 février). Les Allemands qui veulent « saigner à blanc l'armée française », déclenchent une offensive à Verdun. Elle durera cinq mois. Dans un inextricable réseau de tranchées et de boyaux, les troupes françaises et allemandes vivent « l'Enfer de Verdun ». Le général Pétain organise la défense ; des camions assurent la relève et le ravitaillement par la route de Bar-le-Duc à Verdun : la Voie sacrée. Octobre-novembre. Des contre-offensives permettent aux Français de reconquérir presque tout le terrain perdu depuis février. 18 décembre. La bataille de Verdun est terminée. Elle a coûté à l'armée française 221000 tués, disparus, prisonniers, 320000 blessés et aux Allemands 500000 tués, blessés et disparus... soit un peu plus d'un million d'hommes.

LA FRANCE EN GUERRE, 1914-1918

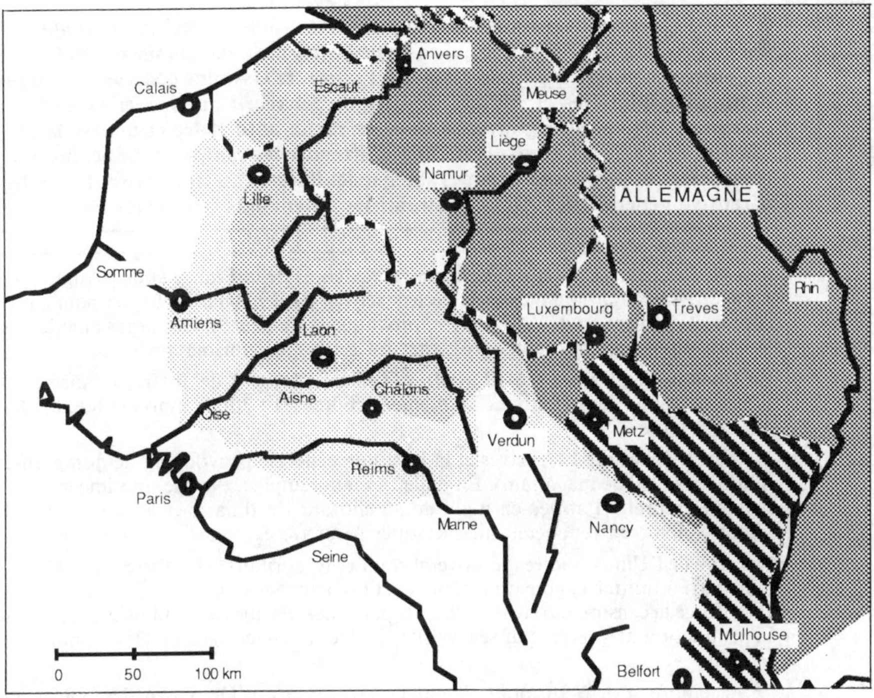

■ Le front français ↑

- Annexion de l'Alsace-Lorraine par le Reich en 1871
- Avance extrême des Allemands lors de la bataille de la Marne (9. 1914)
- Recul allemand à la fin de 1914
- Front lors de l'armistice (11.11. 1918)

■ Les fronts orientaux →

- Front en 1915
- Front en 1918
- Frontière russe en 1919

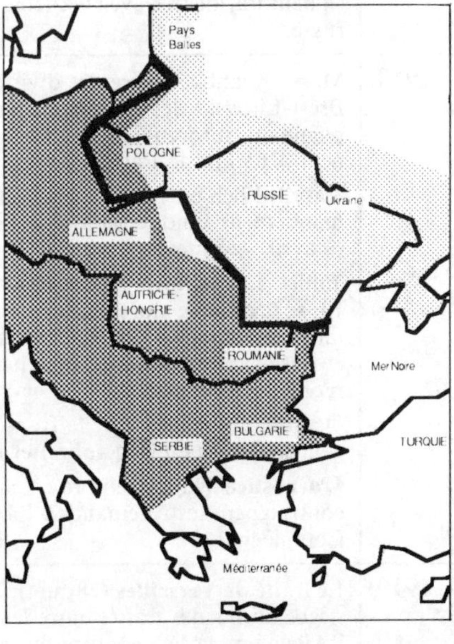

PRÉHISTOIRE
ANTIQUITÉ
MOYEN ÂGE
ANCIEN RÉGIME
RÉVOLUTION
XIXᵉ SIÈCLE
XXᵉ SIÈCLE

La fin de la guerre

En 1917, deux faits essentiels provoquent une évolution décisive de la guerre : la révolution bolchevique qui entraîne l'arrêt des combats sur le front russe, et l'entrée en guerre des États-Unis. En France, la lassitude générale provoque mutineries militaires et rupture de l'Union Sacrée. Pour mener la guerre à outrance, Clemenceau gouverne alors de façon autoritaire et pousse la production de guerre. Cet effort permet d'attendre les renforts américains et de résister aux offensives des troupes allemandes libérées du front russe. La contre-offensive générale des Alliés contraint les Allemands à accepter l'armistice.

1917 RAYMOND POINCARÉ	6 avril. Les États-Unis entrent en guerre aux côtés de la France et de l'Angleterre. La guerre sous-marine à outrance, déclenchée par l'Allemagne dès février pour empêcher le ravitaillement de l'Angleterre, provoque la destruction de cargos américains. Wilson, approuvé par le congrès, met fin à l'isolationnisme américain. **Le Chemin des Dames** (16-19 avril). Nivelle, successeur de Joffre, relance entre l'Oise et Reims des offensives inutilement coûteuses : 30000 morts et 80000 blessés en 2 jours ! 20 mai. L'échec des offensives et la lassitude générale provoquent de nombreuses mutineries (230 de mai à juin). En juillet, Pétain remplace Nivelle, réprime les mutineries et reprend l'armée en main en améliorant l'ordinaire et les conditions de vie du soldat, en renonçant aux attaques meurtrières. **Rupture de l'Union Sacrée** (16 novembre). Les minoritaires socialistes contraignent leur parti à quitter le gouvernement. Le 17, Clemenceau est président du conseil. Il renforce la censure, arrête les militants pacifistes, traque les « embusqués », pousse la production de guerre. Par ses « visites au front », « le Tigre » relève le moral des « poilus• ». 15 décembre. Portés au pouvoir par la « révolution d'Octobre », les bolcheviks signent l'armistice avec l'Allemagne à Brest-Litovsk ce qui provoque la défection russe.
1918	Mars. Ayant récupéré des divisions après l'arrêt des combats en Russie (paix de Brest-Litovsk), les Allemands lancent quatre offensives de la Flandre à la Champagne qui surprennent les armées françaises et anglaises. Les Allemands parviennent à 65 km de Paris. 3 avril. Foch est nommé générallissime des armées alliées. La création d'un commandement unique, confié à Foch après la conférence interalliée de Beauvais (3 avril), permet de stabiliser le front en avant d'Amiens. Juillet. Les renforts américains confèrent aux Alliés la supériorité numérique. Le 18, se déclenche alors par surprise la contre-attaque française, marquée par le premier emploi massif des chars Renault. La contre-offensive générale des armées alliées et l'utilisation combinée des chars et des avions contraignent les Allemands à se replier en bon ordre. Octobre-novembre. Sur le front des Balkans et en Italie, les troupes alliées obligent la Turquie (31 octobre) et l'Autriche-Hongrie (3 novembre) à capituler. **L'armistice** (11 novembre). La pression des Alliés et la Révolution à Berlin contraignent les Allemands à l'armistice. Il est signé à Rethondes dans la forêt de Compiègne.
1919	**Le traité de Versailles** (28 juin). Après la signature de l'armistice commencent les négociations des traités entre les belligérants. Elles aboutissent entre les Alliés et l'Allemagne à la signature du traité de Versailles.

LE TRAITÉ DE VERSAILLES, 28 juin 1919

Les vainqueurs divisés

La Conférence de la Paix (janvier-juin 1919) réunit à Paris les représentants de vingt-sept pays alliés ou neutres mais exclut les vaincus et la Russie. Des divergences entre vainqueurs apparaissent. D'une part, le président des États-Unis Wilson, qui propose une paix idéale reposant sur le droit des peuples à disposer d'eux-mêmes, veut empêcher de nouvelles guerres grâce à une Société des Nations. D'autre part, la France avec Clemenceau qui a pour soucis essentiels la sécurité de la France et la réparation des dommages de guerre causés par « l'agresseur allemand » ; la Grande-Bretagne avec Lloyd George qui craint une trop grande croissance de la puissance française ; l'Italie enfin avec Orlando qui rappelle avec aigreur les promesses faites par les Alliés en contrepartie de son entrée dans la guerre.
Aux États-Unis, l'administration républicaine, isolationniste, refuse de signer le traité de Versailles et le pacte de la Société des Nations (SDN).

Le traité de Versailles

Élaboré dans le cadre de la Conférence de la Paix, il humilie l'Allemagne. Rendue responsable de la guerre, celle-ci doit verser 132 milliards de marks-or (les Réparations) dont 52 % à la France. La Rhénanie est démilitarisée et occupée pendant 15 ans ainsi que la Sarre. Toute revanche lui est impossible car elle ne peut posséder ni aviation, ni artillerie lourde, ni marine de guerre, ni chars et son armée est réduite à 100000 hommes.

L'Allemagne rend l'Alsace-Lorraine à la France et perd en Europe 88000 km² et 8 millions d'habitants. L'union avec l'Autriche (Anschluss) lui est interdite. Ses colonies du Pacifique sont attribuées à l'Australie et au Japon ; celles d'Afrique (Cameroun, Togo...) partagées entre la Belgique, l'Angleterre et la France.

Lacunes et imperfections

Le traité de Versailles ne prévoit pas de moyens contraignants d'exécution ; la SDN ne garantit pas l'application des sanctions militaires qu'elle prévoit, l'occupation de la Rhénanie ne va pas au-delà d'une période où l'Allemagne peut redevenir menaçante. Surtout, la reconnaissance de la culpabilité allemande dans le déclenchement de la Grande Guerre et l'occupation militaire exacerbent le sentiment national. Des traités séparés sont signés avec les nouveaux États issus du démembrement de l'empire austro-hongrois. La carte politique de l'Europe centrale est profondément modifiée : création de la Tchécoslovaquie, de la Yougoslavie, de la Hongrie ; renaissance de la Pologne.

Le traité de Versailles et ceux qui le suivront constituent un ensemble de traités qui va créer de multiples foyers de crises, susciter des sursauts nationalistes, hypothéquer gravement l'avenir et empoisonner les relations franco-allemandes à propos des réparations.

Lloyd George, Orlando, Clemenceau et Wilson, principaux négociateurs de la Conférence de la Paix à Paris en 1919

Le Bloc national

La droite conservatrice, alliée au centre et bénéficiant du prestige de la victoire l'emporte aux élections législatives de 1919 et forme le Bloc national. Elle réprime durement l'agitation ouvrière, mais ne peut résoudre les difficultés financières. Devenu président du Conseil, Poincaré exige le paiement régulier des réparations allemandes et fait occuper la Ruhr.
Pour défendre le franc et lutter contre la spéculation internationale, il augmente les impôts directs de 20 %, ce qui fait de nombreux mécontents et permet ainsi le succès du Cartel des gauches (radicaux et socialistes) aux élections de mai 1924.

1919	1er-2 novembre. Une Confédération française des travailleurs chrétiens, qui souhaite la collaboration des classes, est créée.
RAYMOND POINCARÉ	« **La chambre bleu horizon** » (16 novembre). Alliée aux modérés et bénéficiant de la peur des possédants (« le péril bolchévique »), la droite conservatrice l'emporte aux élections législatives. Le Bloc national s'assure 417 sièges sur 616 élus. Formée surtout d'anciens combattants, la « chambre bleu horizon » réprime durement les grandes grèves de 1920 (dirigeants syndicaux arrêtés, 18000 cheminots grévistes révoqués).
1920 PAUL DESCHANEL	17 janvier. Paul Deschanel devient président de la République. De tendance modérée, il a été choisi par la droite catholique pour éliminer Clemenceau, accusé de laïcité et de vouloir instaurer une fiscalité plus juste.
	24 septembre. Alexandre Millerand, chef du Bloc national, remplace Deschanel, démissionnaire pour troubles mentaux.
ALEXANDRE MILLERAND	25-30 décembre. Les délégués de la SFIO (Section française de l'Internationale ouvrière) se réunissent à Tours. La SFIO se divise en deux : socialistes et communistes.
1922	14 janvier. La scission politique se double d'une scission syndicale. A côté de la CGT, proche des socialistes, existe désormais la CGTU (Confédération générale du travail unitaire) proche des communistes.
1923	**Occupation de la Ruhr** (11 janvier). Voyant que l'Allemagne tarde à payer ses réparations, Poincaré, partisan d'une stricte exécution des traités, fait occuper la Ruhr. Les banquiers allemands, anglais et américains s'inquiètent de cette occupation et spéculent contre le franc. Pour le défendre, Poincaré négocie l'évacuation de la Ruhr et, par ailleurs, augmente les impôts directs de 20 % ce qui mécontente les Français.
1924 GASTON DOUMERGUE	**Victoire du Cartel des gauches** (11 mai). L'alliance électorale permet à une majorité radicale-socialiste de l'emporter aux législatives : Millerand, président de la République, prend de telles positions que la gauche victorieuse l'oblige à démissionner (11 juin). Mais l'élection, pour lui succéder, du candidat des droites, Gaston Doumergue, marque la faiblesse du succès de la gauche, la fragilité de sa majorité numérique.
	29 octobre. Le ministère du radical-socialiste Herriot reconnaît officiellement l'URSS.

LE CONGRÈS DE TOURS, 25-30 décembre 1920

■ La rupture de l'unité socialiste

Le 25 décembre 1920, 285 délégués de la SFIO se réunissent en congrès à Tours. Le 29 décembre, une majorité (motion Cachin-Frossard) se prononce pour l'adhésion à la IIIe Internationale• (Komintern), alors qu'une minorité vote pour la motion Longuet (petit-fils de K. Marx). Le parti socialiste unifié qui compte 180000 adhérents, éclate ; c'est la scission du mouvement ouvrier français. Dans l'immédiat, les militants communistes sont 130000 et se regroupent dans la Section française de l'Internationale communiste avec le journal *L'Humanité*, dirigé par M. Cachin. 50000 socialistes restent à la SFIO et conservent *Le Populaire* et divers organes de presse de province.

■ Les 21 conditions

La question posée aux congressistes réunis à Tours est la suivante : faut-il ou non se rallier aux thèses de la IIIe Internationale créée en mars 1919 par Lénine et patronnée par les bolcheviks ; faut-il s'engager résolument sur la voie d'une action révolutionnaire ? Les partisans d'une adhésion au Komintern sont si nombreux que, en juillet 1920, Cachin et Frossard sont envoyés à Moscou afin d'y rencontrer le secrétaire de la IIIe Internationale, Zinoviev. Ce dernier fixe « 21 conditions » très strictes : centralisme, subordination du syndicat au parti, exclusion des réformistes, soumission aux décisions de l'Internationale,…

■ Deux conceptions différentes

Léon Blum conduit la bataille contre le ralliement aux thèses maximalistes et refuse la plupart des conditions fixées par Zinoviev. Il rejette l'idée d'un parti monolithique, au sein duquel les décisions seraient imposées à la base par un tout-puissant comité directeur qui, lui-même, prendrait ses ordres à Moscou. Estimant l'action révolutionnaire prématurée, Blum propose l'unité avec le syndicalisme, plutôt que l'absorption de celui-ci par le parti. Frossard, au contraire, veut créer un parti neuf, centralisé, épuré. La prise de pouvoir légale (élections de 1919) et la prise de pouvoir révolutionnaire (grèves de 1920) ont échoué. L'aile gauche de la SFIO se tourne vers la seule révolution qui fournit un modèle victorieux : la Révolution bolchevique. La formation de la SFIC par la majorité du Congrès de Tours s'explique par le désir de se rattacher à une révolution qui a réussi.

☞ En décembre 1920, beaucoup d'observateurs jugent provisoire la rupture de l'unité socialiste. Affectant un parti récent, fondé quinze ans auparavant seulement et composé de multiples tendances, elle paraît due avant tout au choc de la Grande Guerre et de la Révolution russe. Liée à une conjoncture particulière, la scission s'est pourtant perpétuée, marquée de polémiques et de reconciliations successives entre socialistes et communistes. D'accidentelle, la scission du Congrès de Tours a duré jusqu'à nos jours ; elle est devenue un fait de structure du mouvement ouvrier français.

Alors que la banderole proclame le fameux appel de K. Marx : « Prolétaires de tous pays, unissez-vous ! », le mouvement ouvrier français va se diviser en socialistes et communistes

L'« union nationale »

Aux élections de 1924, le revirement de l'opinion publique porte les radicaux (appuyés par les socialistes) au pouvoir. Leur chef Édouard Herriot devient président du Conseil. En brandissant la menace d'un impôt sur le capital, Herriot se heurte au « mur d'argent » : » les capitaux fuient à l'étranger ! Le 10 avril 1925, Herriot démissionne, bientôt remplacé par Poincaré qui pratique des économies et réussit en 1928 à stabiliser le franc au cinquième de sa valeur de 1914. Cette dévaluation entraîne une reprise économique qui dure jusqu'en 1930. La crise atteint la France en 1931 : le chômage augmente. Les élections de 1932 favorisent la gauche, trop désunie cependant pour gouverner efficacement.

1925 GASTON DOUMERGUE	**Chute du ministère Herriot** (10 avril). Président du Conseil depuis juin 1924, Herriot se heurte au « mur d'argent » : les mesures qu'il préconise (impôt sur le capital, emprunt forcé,...) sont repoussées par les chambres. Les capitaux gagnent l'étranger. Décidée à se débarrasser du gouvernement de gauche, la Banque de France contraint Herriot à révéler qu'il a « crevé le plafond des avances ». Il est alors aussitôt renversé par le Sénat. La chute d'Herriot est suivie d'une série de brefs gouvernements auxquels on refuse tous les moyens d'agir. Les possédants spéculent contre le franc : il s'agit d'abattre la majorité de Cartel.
1926	20-21 juillet. Appelé à former un nouveau gouvernement, Herriot est aussitôt renversé. La presse de droite incite les épargnants à demander le remboursement des bons du trésor, ce qui vide les caisses publiques. **Formation du cabinet Poincaré** (23 juillet). Appelé au pouvoir pour sauver le franc, Poincaré forme un gouvernement « d'union nationale » qui va des radicaux aux partis de droite. Sa seule présence rétablit la confiance des possédants : les capitaux reviennent. Il augmente les impôts indirects, lance des emprunts, réalise des économies budgétaires, équilibre le budget, stabilise de fait le franc : 124 F pour une livre en décembre contre... 243 F le 21 juillet !
1928	22-29 avril. La popularité de Poincaré permet aux partis de droite qui le soutiennent de gagner les élections législatives. C'est la fin du Cartel. 24-25 juin. Grâce au soutien des milieux financiers, Poincaré stabilise le franc au cinquième de la valeur du franc germinal d'avant-guerre. Cette dévaluation entraîne une reprise économique qui dure jusqu'en 1930. 6-11 novembre. Sous la conduite d'Edouard Daladier, favorable à l'union des gauches, les militants radicaux désavouent « l'union nationale », obligent les ministres radicaux à démissionner et leur parti à rester dans l'opposition.
1929	29 décembre. L'excédent budgétaire permet à André Tardieu, président du Conseil, de faire voter par la chambre la construction d'une ligne fortifiée : la ligne Maginot.
1931 PAUL DOUMER	La France entre à son tour dans une crise économique marquée par la chute des productions agricole et industrielle, le déficit du budget de l'État et la progression du chômage.
1932	Mai. Aux élections législatives, la gauche radicale et socialiste, unie dans un nouveau cartel, l'emporte.

RAYMOND POINCARÉ, 1860-1934

■ Le plus jeune ministre de la IIIe République

Né le 20 août 1860 à Bar-le-Duc, issu d'une famille de la grande bourgeoisie lorraine et juriste de formation, Raymond Poincaré mène, avant 1914, une brillante carrière politique. Député de la Meuse (1887-1903) puis sénateur (1903-1913), il est élu à l'Académie française en 1909. « D'une pâleur maladive, physiquement insignifiant, le petit homme a l'air d'un employé de bureau » mais il est un brillant orateur et devient pour la première fois ministre dès l'âge de 33 ans ! C'est un républicain modéré, nationaliste, sincèrement laïc, mais prudent sur la question religieuse. Cela lui vaut des sympathies au centre gauche comme à droite. Président du Conseil et ministre des Affaires étrangères (janvier 1912 - janvier 1913), patriote lorrain partisan d'une politique de fermeté à l'égard de l'Allemagne, il se hâte de resserrer l'Entente cordiale et l'alliance franco-russe.

■ « Poincaré-la-guerre »

Élu président de la République le 17 janvier 1913, malgré l'hostilité de Clemenceau et avec l'appui des voix de la droite, il continue, de l'Élysée, à diriger la politique étrangère par l'intermédiaire de son homme de confiance Barthou. Il fait voter la loi militaire de trois ans. Il profite de son voyage en Russie pour donner au tsar des assurances formelles et des conseils de fermeté qui lui valent le surnom de « Poincaré-la-guerre ». Chantre de l'union sacrée, il domine ses prétentions personnelles pour, face à la gravité de la situation, appeler au pouvoir en novembre 1917 son vieil adversaire Georges Clemenceau. Dès lors à l'Élysée, il souffre d'un manque d'influence réelle sur les affaires et, en 1920, il renonce à demander un second mandat présidentiel.

■ Le franc Poincaré

Réélu sénateur de la Meuse, Poincaré « reprend du service » à deux reprises comme président du Conseil. La première fois, il rompt avec l'Angleterre sur la question des réparations et, l'Allemagne se trouvant dans l'incapacité de payer, il décide unilatéralement l'occupation de la Ruhr (janvier 1923). Éliminé du pouvoir par la victoire du cartel des gauches aux élections de 1924, il y est ramené par la spéculation financière contre le franc de juillet 1926. Pendant trois ans, il dirige un cabinet d'union nationale et se consacre avant tout à la stabilisation du franc. Soutenu par les banques et les milieux d'affaires, il trouve une solution rationnelle à la question monétaire en procédant à une dévaluation. La loi du 25 juin 1928 stabilise le « franc Poincaré » au cinquième de sa valeur de 1914. Les élections législatives de 1928 sont un triomphe pour les poincaristes mais la maladie le contraint à démissionner en juillet 1929. Poincaré se consacre alors à la publication de ses souvenirs : *Au service de la France* ; il meurt à Paris le 15 décembre 1934.

La part qu'il prit au déclenchement des hostilités de 14-18 lui a valu le surnom de « Poincaré-la-guerre ». Mais, d'une parfaite honnêteté et partisan d'une orthodoxie économique et financière, Raymond Poincaré est resté dans l'histoire celui dont on a dit : « les propriétaires pouvaient lui confier la clef de la caisse et les purs la garde de la République. »

Portrait officiel de Poincaré président de la République (1913-1920)

Une période troublée

La gravité de la récession qui frappe la France en 1932 est mal appréciée par les gouvernements radicaux. En 1933, il y a 300 000 chômeurs, le revenu des agriculteurs s'effondre et le déficit budgétaire renaît. L'instabilité ministérielle mécontente le pays. Elle alimente l'antiparlementarisme de l'extrême-droite qui s'exprime dans la soirée du 6 février 1934. Né d'un réflexe de défense républicaine et antifasciste, favorisé par la nouvelle tactique de l'Internationale communiste, le regroupement des partis de gauche (socialistes, radicaux et communistes) débouche, en janvier 1936, sur la publication du programme du Rassemblement populaire.

1933 ALBERT LEBRUN	Au pouvoir depuis les élections de mai 1932, le parti radical use ses principaux chefs sans parvenir à gouverner vraiment. Quand un gouvernement radical veut pratiquer la politique de déflation• souhaitée par les milieux financiers, les socialistes votent contre. Les contradictions du parti radical aboutissent à une paralysie du régime qui exaspère l'opinion.
1934	**L'affaire Stavisky** (8 janvier). L'escroc Stavisky est découvert mort. La presse de droite et d'extrême-droite fait de « l'assassinat » de l'escroc une machine de guerre contre les radicaux. 6 février. Les ligues d'extrême-droite choisissent de manifester le jour où Édouard Daladier doit être investi à la Chambre. Elles se heurtent aux forces de l'ordre qui tirent : 15 morts, 900 blessés. Daladier préfère démissionner. 12 février. L'émeute est interprétée par la gauche comme un coup d'état fasciste. Deux manifestations organisées par la CGT et la CGTU fusionnent aux cris d'« Unité, unité ! » 3 mars. Un comité de vigilance des intellectuels antifascistes (Aragon, Gide, Malraux) est créé sous la direction d'un radical, d'un socialiste et d'un communiste. Mai. Tirant les leçons de l'arrivée au pouvoir de Hitler (favorisée par la division des partis de gauche en Allemagne), l'Internationale communiste s'oriente vers la stratégie des « Fronts populaires ». L'ennemi prioritaire n'est plus le socialiste (dénoncé autrefois comme social-traître), mais le fasciste. Le 23 juin, la conférence du PC propose à la SFIO un pacte d'unité d'action. 27 juillet. Un premier pacte d'unité d'action est établi entre la SFIO et le PC. Maurice Thorez est chargé d'appliquer la nouvelle ligne de l'Internationale communiste : pour lutter contre le fascisme, les communistes doivent se rapprocher des partis démocratiques.
1935	14 juillet. 500 000 manifestants défilent de la Bastille au cours de Vincennes derrière le communiste Thorez, le socialiste Blum, le radical Daladier. 16 juillet. Laval commence une politique de déflation extrême. En diminuant les dépenses de l'État, il espère réduire le déficit du budget et provoquer une baisse générale des prix. Les décrets-lois Laval décident une réduction de toutes les dépenses de l'État (y compris les traitements des fonctionnaires) de 10 %. Cela amènera bien des hésitants à voter pour la gauche.
1936	12 janvier. Le programme de rassemblement populaire. Autour du slogan « Le pain, la paix, la liberté », un accord de désistement entre les candidats des divers partis de gauche est conclu pour le second tour des élections du printemps 36. En mars, cette entente est complétée par la réunification syndicale, la CGTU rejoignant la CGT.

LE 6 FÉVRIER 1934

■ L'affaire Stavisky

Au début de l'année 1934, un scandale politico-financier déclenche une crise de régime. L'escroc Alexandre Stavisky a bénéficié de complicités au sein du parti radical alors au pouvoir. Le 8 janvier, Stavisky est trouvé mort, suicidé dit-on, par la police qui cerne sa villa. La presse de droite parle d'assassinat. Les manifestations organisées par « l'Action française » et « les Jeunesses patriotes » contraignent le radical Chautemps à la démission. Daladier, radical lui aussi, lui succède. Il est décidé à faire toute la lumière sur l'affaire et à réprimer l'agitation des ligues d'extrême-droite.

■ Le 6 février

Celles-ci choisissent le 6 février, date de présentation du nouveau gouvernement à la Chambre pour manifester contre Daladier qui a renvoyé le préfet de police Chiappe tolérant envers l'extrême-droite. Les ligues et l'Union nationale des combattants se rassemblent place de la Concorde. De 19 h à minuit, une foule hostile se heurte aux forces de l'ordre. Celles-ci sont amenées à tirer pour défendre l'accès à la Chambre des députés. Le bilan officiel est de 15 morts et de 900 blessés.

■ Le retour de la droite parlementaire

Le 7, malgré la majorité dont il dispose à la Chambre, Daladier démissionne sous la menace de la rue. L'ancien président de la République Gaston Doumergue, radical modéré, revient de sa retraite pour former un cabinet d'union nationale appuyé sur les radicaux et la droite. Celle-ci revenant au pouvoir, l'agitation entretenue par les ligues cesse. La majorité de gauche, en place depuis 1932, a donc éclaté. Pour répondre à ce qu'ils estiment être une « menace fasciste », les militants de gauche exigent de leurs partis l'unité d'action antifasciste.

☛ Simple manœuvre d'intimidation, semble-t-il, le 6 février n'est ni un putsch, ni même une tentative de renversement du régime, seulement une manifestation de rues qui a tourné tragiquement. La mobilisation des gauches contre ce qu'elles appellent « la menace fasciste » a rétrospectivement donné au 6 février une importance sans commune mesure avec sa portée initale.

Place de la Concorde, 6 février 1934

PRÉHISTOIRE
ANTIQUITÉ
MOYEN ÂGE
ANCIEN RÉGIME
RÉVOLUTION
XIXe SIÈCLE
XXe SIÈCLE

Le Front populaire

Aux élections d'avril-mai 1936, le Front populaire (alliance électorale des socialistes, radicaux et communistes) obtient la majorité absolue à la Chambre. Les socialistes étant les plus nombreux, leur leader Léon Blum forme un gouvernement qui prend une série de mesures sociales sans précédent en France. Cependant, la guerre d'Espagne révèle la fragilité de l'alliance entre partis de gauche. L'hostilité des partis de droite et des milieux d'affaires ainsi que la fuite des capitaux obligent Léon Blum à annoncer une « pause » dans les réformes. Le 20 juin 1937, le Sénat lui refuse les pleins pouvoirs financiers. Après deux cabinets Chautemps, Blum forme le 13 mars 1938 un second cabinet renversé 26 jours plus tard par le Sénat. C'est la fin du Front populaire.

1936 ALBERT LEBRUN	26 avril-3 mai. Les élections marquent la victoire du Front populaire qui, au second tour, rassemble 369 députés contre 236 à la droite. Affaibli, le parti radical est placé en position charnière : sans lui, point de majorité ! Leader du groupe le plus nombreux, le socialiste Léon Blum forme le gouvernement le 4 juin. **Les Accords Matignon** (7 juin). Depuis la victoire du Front populaire une vague de grèves spontanées touche près de 2 millions de salariés qui occupent leurs lieux de travail. A la demande du patronat, Léon Blum réunit ses représentants et ceux de la CGT, ce qui aboutit à la signature des Accords Matignon. Ceux-ci reconnaissent le droit syndical, les délégués du personnel élus, prévoient des augmentations de salaires de 7 à 15 %. En outre, le gouvernement favorise les conventions collectives par branches économiques, accorde 12 jours ouvrables de congés payés annuels et limite à 40 heures la durée de la semaine de travail (Lois des 10-11 et 20 juin). Juillet. La guerre d'Espagne éclate. Pour ménager les radicaux et le gouvernement britannique, Blum refusera d'intervenir aux côtés des républicains espagnols, ce qui le coupera des communistes. 15 août. Blum crée l'office du blé qui doit régulariser le marché. Il nationalise des industries de guerre, lance un vaste programme d'équipement militaire de 4 ans qui doit rattraper le retard français dans ce domaine.
1937	13 février. Devant les difficultés économiques et monétaires, Blum annonce une « pause » dans les réformes. La hausse des prix a absorbé les augmentations de salaires ; la dévaluation de septembre 1936 n'a pas enrayé la fuite des capitaux vers la Suisse commencée dès juin 1936. 20 juin. Les sénateurs radicaux joignent leurs voix à celles de la droite pour refuser à Blum les pleins pouvoirs financiers et renverser son gouvernement. Blum démissionne le 21.
1938	De juin 1937 à mars 1938, Chautemps dirige deux cabinets de Front populaire à direction radicale. Les socialistes ne participent pas au second car ils refusent toute limitation à l'application de la loi de 40 heures. Chautemps démissionne le 9 mars 1938, en pleine crise internationale. 13 mars. Le jour de l'annexion de l'Autriche par Hitler, Blum revient au pouvoir avec un programme ouvertement socialiste : impôt sur le capital, alourdissement de l'impôt sur le revenu, amorce d'un contrôle des changes. Le Sénat refuse une seconde fois les pleins pouvoirs en matière financière (8 avril). Ainsi s'achève l'expérience du Front populaire.

LES PREMIERS CONGÉS PAYÉS, 20 JUIN 1936

■ Douze jours ouvrables de congés payés annuels

Avant le Front populaire, seuls les gens aisés peuvent prendre des vacances et savent ce qu'est la « semaine anglaise ». A la suite de la victoire de la gauche, deux semaines de congés payés annuels — obligatoires pour éviter toute pression patronale — sont accordées à tous les salariés. Votée le 20 juin par 563 voix contre une, la loi entre en vigueur dès le mois d'août. Grâce aux billets de chemins de fer à tarifs réduits, des milliers de travailleurs échappent, pour la première fois, à la grisaille quotidienne de leur cadre de vie. D'autres préfèrent le cyclotourisme : des nuées de tandems affluent vers les plages et la montagne. L'été 36 voit les premières manifestations d'un tourisme de masse.

■ Les auberges de jeunesse

Autre grande nouveauté : la création d'un sous-secrétariat aux sports et aux loisirs confié à Léo Lagrange. Sous son impulsion, les auberges de jeunesse se développent : de juin à décembre 1936, leur nombre passe de 250 à 400. Elles servent de halte pendant les congés et accueillent pendant les week-ends les jeunes travailleurs. Léo Lagrange encourage le sport de masse et cherche, par la radio, le théâtre et le cinéma, à mettre la culture à la portée de tous.

■ La mystique du Front populaire

La droite reproche à Blum d'avoir donné une allure provocante à l'augmentation du loisir de l'ouvrier en créant « le ministère de la paresse » de Léo Lagrange. Au contraire, le monde ouvrier a le sentiment que, pour la première fois dans l'histoire française, un gouvernement considère ses problèmes comme prioritaires. Cette situation nouvelle explique l'euphorie qui le gagne durant l'été 36. Bains de mer grâce aux trains spéciaux, camping, voire sorties du dimanche ; pour beaucoup, les premiers congés payés, c'est la découverte d'une autre dimension de la vie.

De toutes les mesures en faveur des salariés, la réforme la plus populaire, celle qui n'a jamais été remise en cause alors que les 40 heures l'ont été dès 1937, c'est l'octroi des congés payés annuels. Au-delà des déceptions politiques, des maladresses économiques et de l'échec final de l'expérience, le vote des congés payés atteste de l'idéal humaniste qui a été celui du premier gouvernement Blum. La loi montre que l'essentiel réside dans cette volonté de libération de l'homme qui marque l'esprit de 36.

« Chaque fois que (...) j'ai vu les routes couvertes de (...) tandems (...) j'avais le sentiment d'avoir malgré tout apporté une embellie, une éclaircie dans des vies difficiles, obscures. » (Léon Blum.)

La France envahie

A partir d'avril 1938, le gouvernement Daladier met fin au Front populaire et tente de préparer la France à la guerre contre l'Allemagne nazie. Malgré l'illusion des accords de Munich, il accorde une priorité absolue au réarmement, qui doit permettre à la France de se préparer à une guerre devenue inévitable. Affaiblie par les effets de la crise économique, moralement divisée, isolée diplomatiquement et ne possédant qu'une stratégie défensive, la France est mal préparée au conflit qui commence en septembre 1939. Après dix mois de « drôle de guerre », la France est envahie et Paris investi. Devenu président du Conseil le 16 juin 1940, le maréchal Pétain signe l'armistice le 22.

1938 ALBERT LEBRUN	10 avril. Les radicaux changent de camp. Rival d'Herriot, Edouard Daladier constitue un ministère à direction radicale appuyé sur la droite et où sont exclus les socialistes. Mai. La dévaluation est décidée. Les prix français sont ramenés au niveau des prix mondiaux. **Munich** (30 septembre). Daladier signe avec Hitler, Mussolini et l'anglais Chamberlain les Accords de Munich dans lesquels il accepte l'annexion par l'Allemagne nazie d'une partie de la Tchécoslovaquie, alliée de la France. Le PC critique le gouvernement, coupable à ses yeux de trahir l'idéal antifasciste du Front populaire ; les socialistes se résignent à approuver les Accords. 12-13 novembre. Paul Reynaud, devenu ministre des Finances, gouverne par décrets-lois essentiellement dirigés contre les travailleurs : abandon de la semaine de 40 heures, réduction du tarif des heures supplémentaires, « étalement des congés payés ». 30 novembre. La CGT organise une grève générale dirigée contre les décrets-lois mais aussi contre les Accords de Munich. Daladier réquisitionne, mobilise, menace cheminots et fonctionnaires. Le 30 au soir, pour la CGT, c'est un échec : les services publics n'ont pas bougé. Une répression sévère s'abat sur les militants ouvriers. Le Front populaire est définitivement mort.
1939	28 juillet. Le gouvernement prend des mesures destinées à redresser la natalité d'une France démographiquement affaiblie. Le Code de la Famille augmente les allocations familiales et assure divers encouragements à la natalité. Un pacte de non-agression, négocié secrètement entre Staline et Hitler, est signé le 23 août. En France, la nouvelle divise profondément le PC qui est dissous le 26 septembre. **La déclaration de guerre** (3 septembre). Brisée par les conflits qu'elle n'arrive pas à surmonter, économiquement usée, la France entre cependant dans la guerre. Le 1er, à l'aube, la Wehrmacht a franchi la frontière polonaise. En réponse la France, après la Grande-Bretagne, déclare la guerre au IIIe Reich.
1940	10 mai. Après dix mois de « drôle de guerre » pendant lesquels l'inaction démoralise l'armée française, Hitler attaque. Les divisions allemandes percent le front à l'ouest de Sedan (là où s'arrête la ligne Maginot !) et atteignent la Manche en une semaine, isolant 600 000 Français et Anglais à Dunkerque. Puis c'est la débâcle et l'exode des civils qui fuient l'envahisseur. 16 juin. Ministre de la Défense nationale dans le cabinet Paul Reynaud (qui a remplacé Daladier en mars 1940), Pétain impose l'armistice au gouvernement divisé et réfugié à Bordeaux. 18 juin. Le général de Gaulle, alors inconnu, lance de Londres un appel à la résistance. **L'armistice** (22 juin). Le gouvernement du maréchal Pétain signe l'armistice : le pays est au deux-tiers occupé, coupé en deux zones par la ligne de démarcation, infranchissable sans autorisation allemande.

L'APPEL DU 18 JUIN 1940

■ L'appel historique

Le 18 juin 1940, à 20 heures, au micro de la BBC le général de Gaulle invite « les officiers et soldats français qui se trouvent en territoire britannique ou qui viendraient à s'y trouver (...) à se mettre en rapport avec lui ». Ce premier appel à la résistance extérieure s'adresse aux militaires français de l'émigration pour que, dans une guerre que de Gaulle pressent mondiale, tous continuent le combat au côté de l'empire britannique. En pleine débâcle, peu de Français captent ce premier message radiodiffusé.

■ L'homme du 18 juin

Né en 1890, le colonel de Gaulle commande la 4e division de chars aux environs d'Abbeville en mai 1940; le 25 mai, il est promu général de brigade à titre temporaire. Le 5 juin, il est nommé par Paul Reynaud sous-secrétaire d'État à la défense nationale. Le 17 après la constitution du gouvernement Pétain, il décide de s'exiler à Londres. Officier peu connu, il n'a alors plus de fonction gouvernementale ni de commandement. Mais le premier ministre britannique Churchill met à sa disposition la BBC.

■ Les appels du Général

L'appel du 19 juin a une portée plus large que celui du 18. De Gaulle parle « au nom de la France, en tant que soldat et chef français ». Il s'adresse « à tout Français qui a encore des armes » et qui « a le devoir absolu de continuer la résistance », avec une attention particulière « à l'Afrique du Nord intacte ». Un troisième appel, le 22 juin, renouvelé pour les Français en Angleterre est étendu « aux soldats, marins, aviateurs où qu'ils se trouvent actuellement. » Après la signature de l'armistice, de Gaulle veut constituer un comité national ; il s'adresse à des supérieurs hiérarchiques. Le 28 juin, ses appels réitérés n'ayant réussi à rallier aucun des grands chefs militaires ni aucun territoire de l'Empire, le gouvernement britannique reconnaît en Charles de Gaulle « le chef des Français libres ».

Peu et mal entendu sur le territoire national, l'appel du 18 juin marque la naissance difficile d'une résistance extérieure : la France libre. Bien que n'étant pas adressé à la population française, l'appel aura chez elle un écho certain, plus tard amplifié par une guerre des ondes régulière sur la BBC. Pour la première fois dans l'histoire, un héros national se fait connaître par la radio : de Gaulle fut d'abord une voix, celle de la résistance, avant de devenir un visage.

Le 18 juin 1940, à Londres : Charles de Gaulle lance son appel aux Français.

La France occupée

Président du Conseil le 16 juin 1940, le maréchal Pétain signe l'armistice le 22, reçoit les pleins pouvoirs le 10 juillet et engage la France dans la collaboration. Installé en « zone libre » à Vichy, Pétain crée l'État français et entreprend la révolution nationale. Les « Vichyssois » pratiquent une politique réactionnaire, antisémite et collaborationniste. Dès le 18 juin 1940, de Gaulle, depuis Londres, appelle à la résistance extérieure et crée la France libre. En France, la résistance active, œuvre de quelques isolés, reste longtemps minoritaire. Le 11 novembre 1942, après le débarquement anglo-américain en Algérie, les Allemands occupent la « zone libre ».

1940 MARÉCHAL PHILIPPE PÉTAIN	**L'État français** (11 juillet). Le 10 juillet à Vichy, députés et sénateurs votent, par 569 voix contre 80, les pleins pouvoirs au maréchal Pétain. Le 11, celui-ci se nomme lui-même chef de l'État et promulgue les trois premiers Actes constitutionnels fondant l'État français. Le régime de Vichy restaure les valeurs traditionnelles (« Travail, Famille, Patrie »). Le 30, un service civil de neuf mois dans les « chantiers de jeunesse » est créé pour les jeunes de la zone sud. Septembre. Contre la démocratie fondée sur l'élection, Vichy impose l'autorité hiérarchique. La Chambre et le Sénat sont éliminés ; les partis et les syndicats dissous ; à tous les échelons, la nomination remplace l'élection et fait la place belle aux militaires. **L'entrevue de Montoire** (24 octobre). Rencontrant Hitler à Montoire, Pétain convient du principe d'une collaboration politique. Son message du 30 incite les Français à entrer dans la voie de la collaboration d'État. Dès le 3 octobre, Vichy a arrêté un premier statut des juifs qui les exclut de nombreuses professions (enseignants, hauts fonctionnaires, journalistes) et des entreprises qu'ils possèdent.
1941	29 mars. Un commissariat aux questions juives est créé. En mai, des milliers de juifs seront arrêtés. En juin, un second statut des juifs instaurera un recensement obligatoire. 11 mai. Le régime de Vichy met trois aérodromes de Syrie à la disposition des nazis. Anglais et Forces Françaises Libres (organisées par de Gaulle depuis août 1940) écartent le danger. 24 septembre. A Londres se constitue le Comité national français. La France libre a désormais son « gouvernement ».
1942	**Le BCRA** (17 janvier). Dirigé par le colonel Passy, le Bureau central de renseignement et d'Action collationne les renseignements transmis par radio à Londres par les réseaux de résistants. Ces derniers accomplissent des actes de sabotage. **Les FTPF** (28 mars). Commandés par Charles Tillon, les Francs Tireurs et Partisans rassemblent des communistes engagés dans la résistance après l'invasion de l'URSS (juin 1941). 18 avril. Laval devient chef du gouvernement. En mai, le port de l'étoile jaune est obligatoire. La police française est mise à la disposition des nazis pour « rafler les juifs » : plus de 10 000 sont parqués au Vélodrome d'Hiver à Paris pour être déportés dans les camps. 11 novembre. Les Allemands envahissent la zone sud pour riposter au débarquement anglo-américain en Afrique du Nord. La flotte française se saborde à Toulon pour échapper aux Allemands (27 novembre).

OCCUPATION ET RÉSISTANCE, 1940-1944

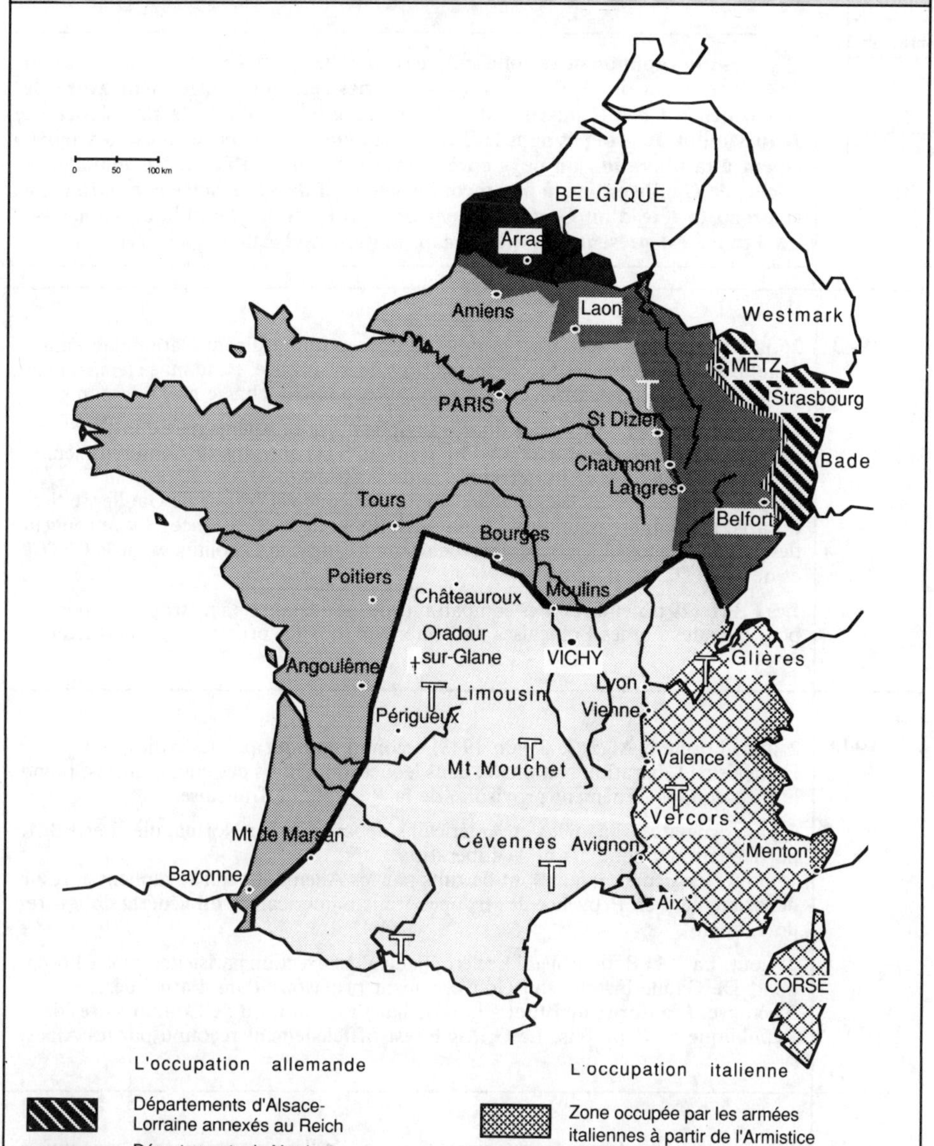

La France libérée

Après l'occupation de la zone sud, le régime de Vichy collabore ouvertement avec les nazis. A l'intérieur, les groupes résistants fusionnent avant de constituer le CNR (Conseil National de la Résistance) sous la présidence de Jean Moulin. Regroupés dans les F.F.I., les combattants de la Résistance participent à la libération du pays après le débarquement allié en Normandie. A Alger, de Gaulle est peu à peu reconnu seul chef de « la France combattante » et prend la tête d'un Gouvernement provisoire de la République française. La France est présente lors de la capitulation de l'Allemagne nazie.

1943 MARÉCHAL PHILIPPE PÉTAIN	26 janvier. En zone sud, trois groupes, à l'exception du Front National (communiste) fusionnent dans les Mouvements Unis de Résistance. Pendant ce temps, Darnand crée la milice française pro-nazie qui conduit la chasse aux Résistants. **Le STO** (16 février). Le service du travail obligatoire en Allemagne est institué pour les jeunes français de 21 à 23 ans. Le refus du STO entraîne de nombreux jeunes gens vers les maquis (Ain, Vercors,...) de la Résistance. 27 mai. Sous la présidence de Jean Moulin, délégué général de de Gaulle, se tient à Paris, la première réunion du Conseil National de la Résistance. S'y retrouvent des délégués de tous les mouvements de résistance, des partis politiques, de la CFTC• et de la CGT. **Les F.F.I.** (29 décembre). Les combattants de la résistance en métropole se regroupent dans les Forces Françaises de l'Intérieur sous les ordres du général Kœnig.
1944	2 juin. Formé à Alger le 3 juin 1943, reconnu en août par les Alliés, le Comité Français de Libération Nationale, dans lequel sont entrés des communistes, prend le titre de Gouvernement provisoire de la République française. 6 juin. Anglais, Canadiens et Américains débarquent en Normandie. Les F.F.I. participent aux combats de la Libération. 15 août. Plusieurs maquis sont détruits par les Allemands qui se replient après le débarquement en Provence des troupes franco-américaines du général de Lattre-de-Tassigny. 25 août. La 2e D.B. du général Leclerc épaule l'insurrection parisienne contre l'occupant. De Gaulle installe son Gouvernement provisoire dans Paris libéré. 5 octobre. L'autorité de l'État s'impose par l'instauration de Commissaires de la République et de préfets. Le G.P.R.F. est officiellement reconnu par les Alliés.
1945	**La capitulation allemande** (8-9 mai). Ecrasée, l'Allemagne signe, à Reims puis à Berlin, une « capitulation sans condition ». De Gaulle obtient la présence de la France, représentée par le général de Lattre. **Vote des femmes** (21 octobre). Pour la première fois, les Françaises participent à l'élection d'une assemblée chargée d'élaborer une nouvelle constitution•. Le PCF (159), la SFIO (146) et le Mouvement Républicain Populaire (150) rassemblent l'essentiel des 586 sièges de la première constituante.

LE DÉBARQUEMENT, 6 JUIN 1944

■ Le jour J

Le 6 juin, dès 0 h 15, 1 662 avions et 512 planeurs larguent 15 500 hommes des 82e et 101e divisions américaines sur Sainte-Mère-Église ; dès 0 h 20, autour d'Ouistreham, 733 avions et 355 planeurs larguent 7 990 hommes des 3e et 5e brigades britanniques. Dès 5 h 30, 722 navires de guerre et 4 266 bateaux de débarquement, avec près de 200 000 hommes et des milliers de tonnes de matériel, prennent position. L'artillerie de marine entreprend le pilonnage des positions allemandes, bombardées par près de 10 000 avions. A 6 h 30, fantassins et chars d'assaut commencent à débarquer sur les plages de Normandie. L'opération Overlord commence.

■ L'opération Overlord

La décision de débarquer entre l'Orne et la Vire sur des plages de sable fin en pente douce a été prise en 1943. L'opération est minutieusement préparée pendant de longs mois par le général Eisenhower afin de rassembler le matériel et d'entraîner les troupes. Un des premiers objectifs sera de construire le port artificiel d'Arromanches : les jetées seront faites de navires sacrifiés et de blocs de béton coulés, les quais d'accostage de caissons métalliques remorqués depuis l'Angleterre. Les 1er et 5 juin 1944, des messages anglo-saxons à destination de la résistance française l'appellent à l'action immédiate.

■ Au soir du « jour le plus long »

En dépit de l'effet de surprise, les troupes allemandes de Rommel résistent farouchement en s'appuyant sur les blockhaus du mur de l'Atlantique. Quelques heures après le débarquement, Charles de Gaulle appelle les Français à se mobiliser. Malgré les lourdes pertes humaines, le soir du jour J, 135 000 hommes tiennent 85 km de côte normande. La « croûte » du système défensif côtier allemand est brisée. Mais ce n'est qu'un début : la bataille de la tête de pont durera en fait six semaines de plus que ne le prévoyait l'opération Overlord.

☞ La libération de la France n'a pu s'accomplir que grâce à la compétence des organisateurs de la prodigieuse opération que fut le débarquement de Normandie le 6 juin 1944. Le prix de la réussite est cependant lourd : 10 000 morts en un seul jour (dont 6 000 Américains), mais, au bout du plus grand débarquement de l'histoire, la fin d'une guerre totale de six ans.

Le débarquement. Arrivée des soldats sur la plage.

La IVe République

La France libérée, le G.P.R.F. dirigé par le général de Gaulle accomplit d'ambitieuses réformes. Mais, en désaccord avec le projet en préparation d'une nouvelle constitution•, de Gaulle démissionne en janvier 1946. Jusqu'en mai 1947, la vie politique est dominée par le « tripartisme » (MRP - SFIO - PC). Après la révocation des ministres communistes, l'opposition du PCF s'ajoute à celle des gaullistes du RPF (Rassemblement du Peuple Français), créé en avril 1947. Les gouvernements dits de la « 3e force » s'attaquent à la reconstruction de la France (avec l'aide américaine) dans un contexte international, dominé par la Guerre froide• et la guerre en Indochine. Après le désastre de Diên Biên Phu, le gouvernement Mendès France signe la paix en Indochine et apaise Maroc et Tunisie.

1945 GÉNÉRAL CHARLES DE GAULLE	Gaullistes, communistes, socialistes et démocrates-chrétiens (MRP) forment le gouvernement du général de Gaulle. Ce ministère engage des réformes hardies conformes au programme de la résistance : nationalisations• (grandes banques, Renault,...), vote des femmes, création de la Sécurité Sociale et des comités d'entreprises, lancement de la planification• confiée à Jean Monnet...
1946 FÉLIX GOUIN GEORGES BIDAULT LÉON BLUM	**Démission du général de Gaulle** (20 janvier). En désaccord avec les projets constitutionnels de l'assemblée élue en octobre 1945, le général de Gaulle démissionne. PCF, SFIO et MRP ne s'accordent pas sur la nouvelle constitution• à donner au pays. 13 octobre. Après une première version de la constitution, repoussée par référendum, la seconde est approuvée par un nouveau référendum. Le socialiste Vincent Auriol est élu 1er président de la IVe république (janvier 1947).
1947 VINCENT AURIOL	**Départ des ministres communistes** (4 mai). Paul Ramadier président du Conseil, révoque les ministres communistes en désaccord avec sa politique sociale et coloniale en Indochine insurgée. C'est la fin du tripartisme (PCF, SFIO, MRP). Les gouvernements dits de la « 3e force » (SFIO, MRP, radicaux et modérés) doivent combattre l'opposition des communistes et celle des gaullistes regroupés, d'avril 1947 à juillet 1952, dans le Rassemblement du Peuple Français (R.P.F.)
1951	**La CECA** (18 avril). A l'initiative de Robert Schuman, le traité de Paris institue la Communauté Européenne du Charbon et de l'Acier. (France, Bénélux, Italie, RFA) ; c'est une des premières étapes de la construction européenne.
1953	23 décembre. Les partis étalent leurs divisions : il ne faut pas moins de treize tours de scrutin pour élire René Coty, 2e président de la IVe république !
1954 RENÉ COTY	7 mai. La défaite de Diên Biên Phu marque la fin de l'occupation française en Indochine. **Le gouvernement Pierre Mendès France** (18 juin). Investi après la chute de Diên Biên Phu, le gouvernement Pierre Mendès France bénéficie du soutien de la SFIO et, pour la première fois depuis mai 1947, de la neutralité du PCF. Inaugurant un style de gouvernement personnel (causeries à la radio), Mendès France se distingue par sa volonté d'action. Il signe les accords de Genève qui mettent fin à la « sale guerre », ramène le calme en Tunisie en lui accordant l'autonomie. Il semble redonner de la force et du prestige au pouvoir exécutif, mais la volonté de réformes libérales en Algérie causera sa chute en février 1955.

DIÊN BIÊN PHU, 7 mai 1954

■ Diên Biên Phu ne répond plus !

Noyé sous un déluge de feu depuis le 13 mars 1954, le camp retranché de Diên Biên Phu, commandé par le général de Castries, succombe au 55e jour de lutte. Les avions ne pouvant plus ni atterrir ni décoller, la garnison française, faute de munitions doit capituler le 7 mai. Après de sanglants combats au corps à corps, les Français comptent 1 500 morts, 3 500 blessés graves et 10 000 prisonniers dont 7 000 ne reviendront pas ! Les meilleures unités du corps expéditionnaire sont décimées. En concentrant ses troupes dans la cuvette de Diên Biên Phu, le général Navarre, commandant en chef en Indochine, espérait attirer le Viêt-minh sur un terrain où il pourrait en découdre face à face. C'était compter sans la mobilisation de tout un peuple qui, par camions russes, par portage ou à bicyclette concentra sur la cuvette une puissance de feu impressionnante (jusqu'à 2 400 mortiers !)

■ La « sale guerre »

De 1940 à 1945, l'occupation japonaise de l'Indochine française encourage le mouvement de décolonisation. Le 2 septembre 1945, Hô Chi Minh proclame l'indépendance du Viêt-nam. Dans sa lutte contre la présence française le Viêt-minh, mouvement communiste et nationaliste, reçoit l'aide de l'URSS puis de la Chine communiste à partir de 1949, ce qui élargit le conflit colonial. La France, dans le contexte international de la guerre froide, freine l'avance du communisme en Asie. De 1946 à 1954 la guérilla menée par le général Giap, dans la jungle et les rizières, épuise l'armée française. L'opinion publique se désintéresse de cette guerre lointaine et ruineuse tandis que le Parti communiste français dénonce « la sale guerre ».

■ « Le deux de trèfle et le trois de carreau »

Ainsi un diplomate résume-t-il le « jeu » français au moment où s'ouvre à Genève la négociation sur l'Indochine. Quelques semaines après Diên Biên Phu le gouvernement Mendès France arrache le moins mauvais accord qui ne saigne pas à blanc un corps expéditionnaire défait. Il signe la paix en Indochine : Laos et Cambodge obtiennent leur indépendance, le 17e parallèle sépare une zone Viêt-minh au Nord d'une zone nationaliste au Sud Viêt-nam.

☛ Diên Biên Phu est la plus grande — à vrai dire la seule — bataille rangée de l'histoire de la décolonisation. La défaite de Diên Biên Phu entraîne le retrait des troupes françaises d'Indochine. C'est aussi le signe... de la fin de l'empire colonial français.

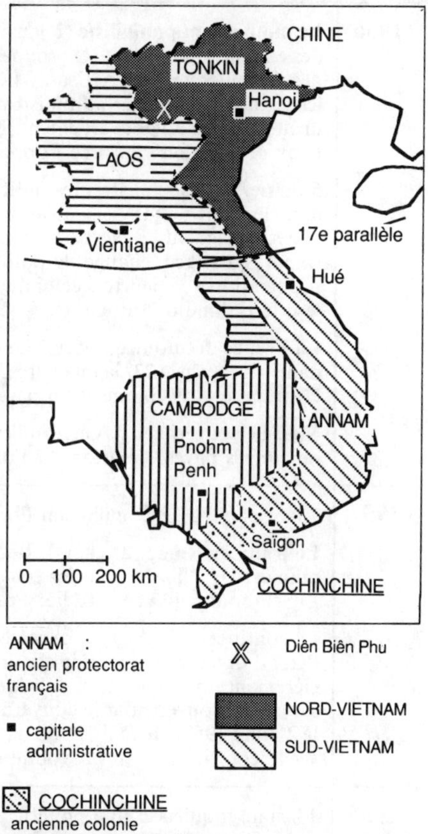

L'Indochine après les accords de Genève (1954)

La France décolonise

La guerre d'Indochine est à peine terminée que commence la guerre d'Algérie. Très vite, elle s'envenime et amplifie l'instabilité ministérielle. Après la victoire du Front républicain (socialistes, radicaux et quelques gaullistes) aux élections de janvier 1956, le socialiste Guy Mollet dirige le gouvernement, poursuit la construction de l'Europe et décolonise en Tunisie et au Maroc. Mais il s'enlise dans le conflit algérien. Le durcissement de la guerre provoque des crises; trois gouvernements se succèdent entre mai 1957 et mai 1958. L'insurrection algéroise du 13 mai entraîne la chute de la IVe République et le retour au pouvoir du général de Gaulle.

1954 RENÉ COTY	**« Les Fils de la Toussaint »** (1er novembre). La guerre d'Algérie commence. Une poignée de nationalistes algériens groupés en un FLN (Front de Libération Nationale) déclenchent l'insurrection. La France réagit par une sévère répression aux attentats de la Toussaint.
1956	**Le mouvement poujadiste** (2 janvier). Aux élections législatives, le mécontentement des commerçants suscite le groupe éphémère de Pierre Poujade, l'Union de Défense des Commerçants et Artisans. L'U.D.C.A. attire petits commerçants et artisans irrités des tracasseries administratives, mais gagne aussi des suffrages d'extrême-droite hostiles au gouvernement. L'irruption à l'Assemblée nationale de cinquante-deux poujadistes renforce l'opposition. 5 février. Les socialistes, les radicaux et quelques gaullistes qui se sont rassemblés aux élections de janvier dans un Front républicain sur un programme de paix en Algérie, gagnent les élections. Investi le 5, le socialiste G. Mollet, accueilli par des tomates à Alger, change de politique. Son programme : « pacification, élection, négociation » se heurte à celui du FLN : l'indépendance immédiate. Le FLN accélère le rythme des attentats. **La France décolonise** (mars). Le Maroc (7) et la Tunisie (20) deviennent indépendants. Adoptée le 23, la loi-cadre Defferre définit les principes de l'autonomie interne et prépare la décolonisation par étapes de l'Afrique noire et de Madagascar. Mai. Le gouvernement Guy Mollet engage des réformes sociales : troisième semaine de congés payés, création du Fonds de Solidarité Vieillesse.
1957	7 janvier. Chargé de maintenir l'ordre, le général Massu dirige la « bataille d'Alger ». **Le traité de Rome** (25 mars). Il crée l'Euratom et la CEE, véritable marché commun et vise à libérer tous les échanges dans l'Europe des Six (Belgique, Pays-Bas, Luxembourg, R.F.A., Italie, France). Le contingent en Algérie. Avec le soutien des communistes, G. Mollet a instauré l'état d'urgence et envoyé le contingent. Le « cancer algérien » mine la France financièrement, moralement et politiquement. La torture et les « disparitions » d'opposants sont couverts par le gouvernement qui avoue ainsi sa carence jusqu'à sa chute le 21 mai 1957. De mai 1957 à avril 1958, l'incapacité des gouvernements à maîtriser le conflit algérien provoque une succession de crises ministérielles.
1958	13 mai. Inquiets d'une possible négociation avec le FLN, Français et généraux d'Algérie déclenchent une insurrection à Alger et réclament la venue au pouvoir de de Gaulle qui apparaît à beaucoup (G. Mollet y compris) comme la seule issue devant le risque de guerre civile en France.

LE RETOUR DE DE GAULLE, 13 mai 1958

■ A Alger : un pouvoir insurrectionnel

En fin d'après-midi, la foule algéroise investit le siège du gouvernement général avec la complicité — sinon l'encouragement — de la police et de l'armée. Un comité de salut public, avec les généraux Massu et Salan, commandant en chef en Algérie, se présente devant les émeutiers. Objectif : empêcher l'investiture, à Paris, de Pierre Pflimlin que l'on dit prêt à abandonner l'Algérie. Le 14, le général Massu réclame la venue au pouvoir du général de Gaulle.

■ A Paris : le pouvoir légal

Depuis plus de trois ans, la France fait la guerre en Algérie et les gouvernements se succèdent en vain. Depuis le 15 avril, la France est même sans gouvernement. Pressenti le 8 mai par René Coty, président de la République, Pierre Pflimlin doit être investi le 13. La pression de la rue provoque un réflexe de dignité parlementaire : Pflimlin obtient une majorité plus forte et plus compacte. Dans la nuit du 13, les insurgés d'Alger se trouvent soudain en face d'un gouvernement régulièrement investi de l'autorité de la République, mais le pouvoir légal ne parvient pas à maîtriser la situation : la Corse se rallie au pouvoir insurrectionnel d'Alger et, à Paris, on craint un coup d'État militaire.

René Coty président de la IVe République, accueille Charles de Gaulle avant de lui transmettre ses pouvoirs

■ Le recours au pouvoir moral de de Gaulle

Le 15 mai, le général de Gaulle publie une déclaration annonçant qu'il se tient « prêt à assumer les pouvoirs de la République ». Par sa conférence de presse du lundi 19, il reprend contact avec les responsables politiques et se refuse à désavouer Salan. Son communiqué du 27 mai annonce qu'il a entamé « le processus nécessaire à l'établissement d'un gouvernement républicain ». Trois initiatives qui ont en commun de s'adresser à l'opinion et de faire basculer la crise de régime là où de Gaulle l'attend. Le 28, Pflimlin démissionne. Le 29, devant la menace des paras de Massu, René Coty fait appel au « plus illustre des Français » qui, le 31, forme son gouvernement. Investi le 1er juin, le gouvernement de Gaulle reçoit, le 3, les pleins pouvoirs pour élaborer une nouvelle constitution•. La IVe République est virtuellement morte le 3 juin après trois semaines de crise ouverte.

☛ Ni coup d'État, ni putsch fasciste, le 13 mai n'est rien qu'une pression un peu vive de la rue sur les élus du peuple. Il vise moins le renversement de la République que le changement de constitution. Utilisant habilement les médias, le général de Gaulle apparaît comme la seule issue pacifique et légale à la crise de régime ouverte le 13 mai 1958.

PRÉHISTOIRE
ANTIQUITÉ
MOYEN ÂGE
ANCIEN RÉGIME
RÉVOLUTION
XIXe SIÈCLE
XXe SIÈCLE

La Ve République

Le général de Gaulle qui a toujours condamné la IVe République (« régime d'assemblée, régime des partis) veut un État fort et respecté où les pouvoirs séparés, équilibrés, ne se paralysent pas. Dès son retour au pouvoir, le général donne la priorité aux institutions qu'il réforme. En septembre 1958, un référendum• sur la Constitution• de la Ve République donne 79,2 % de oui. Paradoxe : favori des ultras de « l'Algérie française », c'est de Gaulle qui, en quatre ans, désengage la France. De « Paix des Braves » en « autodétermination », le général règle la « question algérienne » ; le 18 mars 1962, les accords d'Evian mettent fin au conflit.

1958	1er juin. Investi le 1er, le gouvernement de Gaulle reçoit, le 3, les pleins pouvoirs pour rétablir l'ordre en Algérie et élaborer une nouvelle constitution•.
GÉNÉRAL CHARLES DE GAULLE	**Nouvelle constitution** (28 septembre). Ratifiée à une très large majorité par un référendum•, la nouvelle constitution instaure un régime parlementaire• mais avec des aspects présidentialistes. Le gouvernement est responsable devant l'assemblée ; élu pour sept ans, le président de la République nomme le premier ministre, peut dissoudre l'assemblée et consulter la nation par référendum•.
	23-30 novembre. Les élections législatives, au scrutin uninominal majoritaire à deux tours, voient le succès des gaullistes qui, groupés en une Union pour la nouvelle république (UNR), prennent des voix à tous les partis, y compris au PCF.
	21 décembre. Élu Président de la Ve République, de Gaulle choisit Michel Debré comme Premier ministre. Pour résorber l'endettement provoqué par la guerre d'Algérie, le plan Pinay-Rueff réalise des économies budgétaires et dévalue le franc de 16,6 % pour relancer les exportations. Le « nouveau franc » entrera en vigueur le 1er janvier 1960.
1959	16 septembre. Parvenu au pouvoir grâce aux partisans de « l'Algérie française », mais conscient de la lassitude de l'opinion métropolitaine, de Gaulle offre l'autodétermination aux Algériens. Un an auparavant, à sa proposition de « paix des braves », le FLN a répondu par la création du G.P.R.A. (Gouvernement Provisoire de la République Algérienne).
1960	24-31 janvier. A la proposition d'autodétermination, officiers activistes et « pieds-noirs » ripostent par une semaine d'émeutes à Alger et montrent leur hostilité à de Gaulle.
1961	8 janvier. Un référendum• en métropole approuve à plus de 75 % de oui la politique algérienne du général de Gaulle.
	Putsch des généraux (22-25 avril). A Alger, le régime gaulliste doit affronter un soulèvement militaire que prolonge le terrorisme de l'OAS (Organisation de l'Armée Secrète), partisan de « l'Algérie française ».
1962	8 février. Au cours d'une manifestation de gauche demandant une lutte plus active contre l'OAS, la police tue huit personnes au métro Charonne.
	Accords d'Evian (18 mars). Des négociations avec le FLN finissent par déboucher sur les accords d'Evian ratifiés à 90,7 % par référendum le 8 avril. L'Algérie obtient l'indépendance tandis qu'un million de « pieds-noirs » refluent en France.

LES ACCORDS D'EVIAN, 18 mars 1962

■ Des négociations longues et difficiles

Le 18 mars 1962 à 20 heures, le général de Gaulle annonce lui-même au pays la conclusion des accords d'Evian à l'issue d'une ultime négociation qui s'est déroulée à l'hôtel du Parc, sur les bords du lac Léman. De son côté, Y. Ben Khedda, leader de l'aile gauche du FLN et président du GPRA (Gouvernement Provisoire de la République Algérienne), annonce sur les antennes des radios de Tunis, Rabat, Tanger, Tripoli et Le Caire, que le cessez-le-feu prendra effet le 19 mars à midi. Ces accords — en grande partie vidés de leur contenu par la suite — constituent une étape décisive vers la paix et la proclamation de l'indépendance de l'Algérie. Commencés en fait à Evian le 20 mai 1961, les pourparlers avec le GPRA n'aboutissent qu'après trois interruptions, la négociation finale s'engageant à Evian le 7 mars 1962 pendant que le terrorisme du FLN (Front de Libération Nationale) et celui de l'OAS (Organisation de l'Armée Secrète) faisaient rage à Alger.

■ Le pari des accords d'Evian

Ces accords reposent sur un double postulat : le maintien d'une forte minorité française en Algérie et l'établissement à Alger d'un pouvoir libéral garant des droits et des biens de cette minorité. A l'issue du scrutin d'autodétermination, si les citoyens d'Algérie choisissent l'association avec la France, l'Algérie indépendante et souveraine respectera les particularismes et garantira la sécurité des personnes et des biens. Les forces françaises se maintiendront pendant trois ans encore. Les intérêts de la France au Sahara sont maintenus pour cinq ans. La France conservera la base de Mers-el-Kébir pendant quinze ans.

■ La tactique de la « terre brûlée »

La métropole applaudit à la signature du cessez-le-feu. Proclamé le 19 mars à midi, il est accueilli avec soulagement par les Algériens. Mais il déchaîne la folie meurtrière de l'OAS, qui veut rendre inapplicables les accords. On ne compte guère de jours sans morts. Les attentats au plastic, le climat irréversible de haine entre les musulmans et les pieds-noirs entraînent, dès le printemps 1962, un exode massif vers la métropole. Par centaines de milliers, pieds-noirs et « harkis » (Algériens qui ont combattu avec l'armée française et qui sont victimes de représailles) quittent leur sol natal. Privée de son principal soutien, l'OAS adopte la tactique de la « terre brûlée », détruisant derrière elle les usines, les mairies, les écoles, les hôpitaux. Elle ruine ainsi ses dernières chances de trouver une place dans l'Algérie qui, le 1er juillet, vote massivement son indépendance dans la coopération avec la France.

☛ Les accords d'Evian, dans le contexte de 1962, reposaient sur un bel optimisme : l'idée d'une coexistence pacifique et harmonieuse de deux communautés dans le cadre d'une Algérie indépendante. L'extrémisme de l'OAS, en forçant à l'exode 90 % des pieds-noirs, rendit caduc le maintien d'une forte minorité française en Algérie. La radicalisation rapide de la jeune république algérienne et les confiscations qu'elle multiplia rendirent impossible la garantie des biens et des intérêts de cette minorité. En fait, dès leurs signatures, les accords d'Evian apparurent à beaucoup comme « l'habillage juridique décent d'une entreprise de liquidation ».

Retour des pieds-noirs, 1962

La République gaullienne

La « question algérienne » réglée, le général de Gaulle en profite pour renforcer le pouvoir présidentiel. Puis il se consacre à sa « grande politique étrangère ». Guidé par « une certaine idée de la France », de Gaulle voit en la prospérité économique un moyen d'assurer la grandeur du pays. Mais il néglige les mécontentements qui se manifestent. Aussi est-il mis en ballottage lors de la première élection présidentielle au suffrage universel• direct.

1962 GÉNÉRAL CHARLES DE GAULLE	14 avril. Après la fin de la guerre en Algérie, de Gaulle, comme la constitution• de 1958 lui en donne le droit, change de premier ministre : Georges Pompidou remplace Michel Debré. 22 août. De Gaulle est l'objet d'un attentat, au Petit-Clamart, qui échoue. Profitant de l'émoi de la population, il propose un référendum• sur l'élection du président de la République au suffrage universel•. 28 octobre. A l'exception de l'UNR et de quelques modérés regroupés autour de Valéry Giscard d'Estaing, toutes les forces politiques s'opposent à cette proposition et votent une motion de censure•. De Gaulle dissout alors l'Assemblée. Le pays ne suit pas les partis traditionnels et approuve la réforme constitutionnelle. 18-25 novembre. Les élections législatives donnent à l'UNR (233 députés) et ses alliés (indépendants et paysans) la majorité absolue.
1963	**Rejet de l'entrée de la Grande-Bretagne dans la CEE** (14 janvier). Par souci d'indépendance militaire et diplomatique, de Gaulle s'oppose farouchement à l'entrée dans la CEE de la Grande-Bretagne trop liée aux États-Unis. Il applique le traité de Rome, mais refuse une Europe supranationale ou dominée par les États-Unis. **Traité d'amitié franco-allemand** (22 janvier). De Gaulle entretient de très bonnes relations avec la RFA d'Adenauer. 5 août. Ayant doté la France d'une « force de dissuasion » (bombe A, février 1960), de Gaulle refuse la participation du pays à une force atomique multilatérale. **Le « plan de stabilisation »** (12 septembre). Le IVe Plan (1962-1965) prévoit un taux moyen annuel de croissance de 5,5 % mais sa réalisation est perturbée par le retour des rapatriés d'Algérie qui entraîne des dépenses imprévues, d'où déficit, montée des prix et dégradation de la balance commerciale. Valéry Giscard d'Estaing, ministre des Finances, veut briser l'inflation•, et met en œuvre un « plan de stabilisation » qui renforce de fait les pressions opérées sur les salaires.
1964	27 janvier. Luttant contre la « double hégémonie » (des EU et de l'URSS), de Gaulle reconnaît officiellement la Chine populaire. Ses voyages dans le monde et ses discours donnent un tour original aux relations internationales et contribuent au rayonnement de la France à l'étranger. 6-7 novembre. Pour mieux contrebalancer l'influence de la CGT, la CFTC se rénove. La majorité de la CFTC, abandonnant toute référence chrétienne, devient la CFDT (Confédération Française Démocratique du Travail). Ces syndicats représentent, en l'absence de débat politique, la principale force d'opposition au pouvoir.
1965	5 décembre. Le général se représente mais trop sûr de sa dimension historique, « l'homme du 18 juin » ne fait pas vraiment campagne. Au 1er tour, de Gaulle est mis en ballottage ; candidat unique de la gauche François Mitterrand rassemble 32,3 % des suffrages exprimés.

LA FRANCE RECONNAÎT LA CHINE DE MAO, 27 janvier 1964

■ La place de la France dans le monde

Le 27 janvier 1964, la France reconnaît la Chine de Mao Zedong. Après des contacts préparatoires, assurés notamment en octobre 1963 par l'ancien président du Conseil, Edgar Faure, la République populaire de Chine et la France font connaître leur intention d'établir entre elles des relations diplomatiques. A cette date, Pékin a rompu avec Moscou. L'on peut imaginer que la France pourra tenir — au sein du monde occidental — une place un peu comparable à celle de la République populaire de Chine au sein du monde communiste.

■ Le point d'appui soviétique

Défi à Washington et à Moscou, la reconnaissance de la Chine communiste s'inscrit dans la politique gaullienne de refus des hégémonies et du partage du monde en deux blocs. Mais, malgré nombre de contacts et de gestes — dont les entretiens d'André Malraux, ministre d'État chargé des Affaires culturelles avec Mao à Pékin en juillet-août 1965 — le point d'appui chinois ne donne guère de résultat. Il est rapidement remplacé par la recherche du point d'appui soviétique ; la France multiplie les missions en URSS. L'invasion de la Tchécoslovaquie en août 1968 marquera la fin de la tentative du général de Gaulle de prendre appui sur l'URSS pour affirmer l'indépendance de la France vis-à-vis des États-Unis.

■ Le rapprochement franco-allemand

Dès son arrivée au pouvoir, de Gaulle a recherché activement la coopération entre États, en particulier au moyen d'accords bilatéraux avec l'Allemagne. Le tandem franco-allemand devient la pièce maîtresse de la construction européenne. Entre le chancelier Konrad Adenauer et le Général s'est nouée une amitié personnelle, une entente qui s'est renforcée au fil des mois et qui a abouti, au mois de septembre 1962, à un voyage triomphal de de Gaulle en RFA. Le 22 janvier 1963, un traité signé à l'Élysée a matérialisé cette entente et inauguré des consultations périodiques entre les deux gouvernements.

☛ Sûr que la France a hérité d'un rôle historique de « grande puissance » et d'une mission mondiale, le général de Gaulle a cherché des appuis indispensables à une politique indépendante de son puissant allié : les États-Unis. La reconnaissance de la République populaire de Chine est un des exemples de la recherche d'un point d'appui face aux États-Unis.

Mao Zedong accueille en « ami », à Pékin, André Malraux, envoyé spécial de de Gaulle (3 août 1965)

La « grandeur » de la France

Réélu président de la République, le général de Gaulle affirme en politique extérieure l'indépendance et la « grandeur de la France » en contestant l'hégémonie américaine. Le pays a bénéficié, à l'époque gaullienne, d'une croissance économique soutenue mais la répartition des fruits de l'expansion reste très inégale entre les catégories sociales. L'arrivée à l'âge de la réflexion politique des classes nombreuses de l'après-guerre et la récession de 1967 provoquent malaise et inquiétude. Crise d'adaptation à la société capitaliste de consommation, l'explosion de mai 68 surprend le régime gaulliste. De Gaulle rétablit la situation en provoquant des élections qui élargissent sa majorité. Mais ce succès reste sans lendemain : le 27 avril 1969, son référendum• sur la réforme du Sénat recueille une majorité de « non ». Charles de Gaulle démissionne aussitôt.

1965 GÉNÉRAL CHARLES DE GAULLE	19 décembre. De Gaulle est réélu au 2e tour face à François Mitterrand, représentant unique de la gauche, qui a bénéficié des désistements, avoués ou non, des autres candidats. Le ralentissement de la croissance par le « plan de stabilisation », la pression exercée sur les salaires et la possibilité enfin donnée aux opposants de s'exprimer à l'ORTF expliquent la baisse de prestige du général.
1966	**Le retrait de l'OTAN•** (9 mars). Combattant l'hégémonie des EU, de Gaulle annonce le retrait de la France du dispositif militaire intégré de l'OTAN•. Déjà en juin 1963, le général avait désengagé la flotte française. 30 août. Lors d'un voyage au Cambodge, de Gaulle critique vigoureusement l'intervention américaine au Vietnam. Dans son discours de Phnom Penh, il propose la neutralisation de l'Indochine.
1967	5-12 mars. Les élections législatives ne sont gagnées que de justesse par la majorité. Les 44 républicains indépendants de Valéry Giscard d'Estaing constituent désormais un apport indispensable aux 200 élus UD Ve gaullistes. 1er juillet. Entrée en vigueur du marché commun agricole. De Gaulle accélère la réalisation de la politique agricole commune, avantageuse pour la France. Après une période d'expansion économique, la récession de 1967 provoque malaise chez les salariés modestes et inquiétude des étudiants pour leur avenir. Les difficultés économiques apparaissent et le chômage est important en 1967.
1968	**L'explosion de mai.** L'agitation universitaire et gauchiste gagne le monde ouvrier : le pays entier est bientôt paralysé par 10 millions de grévistes. Prêt à quitter le pouvoir, de Gaulle, par son discours radiodiffusé du 30 mai, rétablit la situation. 23-30 juin. Les élections de la peur constituent un triomphe pour l'UDR (Union pour la Défense de la République) : 358 élus sur 485 députés ! 10 octobre. La loi Edgar Faure réforme les enseignements supérieur et secondaire.
1969	**La démission de de Gaulle** (28 avril). Cherchant à retrouver un soutien populaire direct, le général propose aux Français un référendum• sur la régionalisation et la réforme du Sénat. Il fait de l'adoption de son projet la condition de son maintien au pouvoir. Le 27 avril, le « non » l'emporte nettement. De Gaulle démissionne.

MAI 68

■ « Sous les pavés, la plage ! »

« Dans une France qui s'ennuie », les étudiants dénoncent la sclérose de l'université, inadaptée à l'enseignement de masse. Née à Nanterre le 22 mars, l'agitation étudiante, animée par les « groupuscules » anarchistes, maoïstes, trotskistes, gagne le quartier Latin, après la fermeture de la Sorbonne le 3 mai 1968. L'intervention des forces de police met le feu aux poudres. Au cri de « libérez nos camarades », le mouvement tourne à l'émeute. L'opinion publique, devant la répression policière, prend parti pour les étudiants. Après « la nuit des barricades », les syndicats appellent à une grève de protestation. Le 13 mai, jour du 10e anniversaire de l'arrivée au pouvoir de de Gaulle, un défilé grandiose rassemble étudiants et militants ouvriers.

■ « Le SMIG à 1 000 francs »

Nées spontanément, grèves et occupations d'usines gagnent tous les secteurs, à l'initiative des jeunes ouvriers. Aux revendications habituelles (augmentations de salaires) s'ajoutent des revendications qualitatives (responsabilité des travailleurs dans l'entreprise,...). Les grèves paralysent les trois quarts de l'activité nationale : près de 10 millions de grévistes le 24 mai ! Dans les lycées, les facultés, sur les lieux de travail, les discussions de projets, réalistes ou utopiques de réforme de la société de consommation s'épanouissent. Du 25 au 27 mai, le Premier ministre Georges Pompidou négocie les accords de Grenelle avec les syndicats qui tentent de reprendre le contrôle du mouvement. Une partie de la base rejette ces accords qui ne portent que sur les aspects matériels de la condition ouvrière (augmentation de 35 % du SMIG, réductions d'horaires,...).

■ « Dix ans ça suffit ! »

Le pouvoir ne contrôle plus la situation et semble vacant. Le 28, François Mitterrand annonce sa candidature à une éventuelle élection présidentielle si de Gaulle démissionne. Prêt à quitter le pouvoir, celui-ci se ressaisit après avoir consulté le général Massu en Allemagne. Le 30, de Gaulle s'adresse au pays à la radio et dissout l'Assemblée nationale. Le soir même, 700 000 « gaullistes » remontent les Champs-Élysées. Le travail reprend peu à peu. Aux élections des 23 et 30 juin, le parti gaulliste emporte la majorité absolue.

☞ Grande période de démocratie directe ou révolution avortée ? On a pris la parole, non le pouvoir. Crise de croissance ? On a dénoncé la société de consommation mais celle-ci séduit encore beaucoup d'exclus. En fait, mai 68 accélère l'évolution des mentalités sur le rôle des femmes (MLF), l'environnement (écologie), le travail (autogestion).

Affrontements au Quartier latin

La « nouvelle société »

L'ancien Premier ministre du général de Gaulle, Georges Pompidou, l'emporte aux élections présidentielles de juin 1969. Pompidou poursuit la politique économique gaulliste mais, au choix de prestige, il préfère une politique industrielle moins nationaliste. De 1969 à juillet 1972, le gouvernement Chaban-Delmas essaie de développer une politique contractuelle dite de la « nouvelle société ». Contre la majorité présidentielle élargie à certains centristes, l'opposition de gauche se transforme et s'unit. La maladie abrège le septennat de Georges Pompidou qui meurt le 2 avril 1974 non sans avoir assoupli, en politique extérieure, les principes du gaullisme en acceptant l'adhésion britannique à la CEE.

1969 GEORGES POMPIDOU	15 juin. Georges Pompidou l'emporte facilement au second tour sur une opposition divisée (Le PCF prône l'abstention). Pompidou nomme Jacques Chaban-Delmas, gaulliste de la première heure, Premier ministre ; Valéry Giscard d'Estaing reçoit l'Économie et les finances. La majorité présidentielle s'ouvre aux centristes d'opposition tel Jacques Duhamel qui reçoit l'agriculture.
	Les gouvernements Chaban-Delmas (21 juin 1969 - 5 juillet 1972). Jacques Chaban-Delmas inaugure une politique contractuelle dite de la « nouvelle société » : loi sur la formation permanentc, négociation entre syndicats et CNPF (Conseil National du Patronat Français) pour la signature de contrats de progrès, revalorisation périodique du SMIC (Salaire Minimum Interprofessionnel de Croissance) indexé sur le coût de la vie, mensualisation des salaires,...
1971	16 juin. Au congrès d'Épinay, François Mitterrand devient le premier secrétaire du Parti socialiste qui s'est substitué en 1969 à l'ancienne SFIO moribonde.
1972	**Référendum sur l'élargissement de la CEE** (23 avril). Georges Pompidou a pris l'initiative d'élargir la CEE à l'Irlande, au Danemark et au Royaume-Uni. En cela, il rompt avec un des principes gaullistes. Consultés par référendum•, les Français disent en majorité « oui » ; cependant il y a 39 % d'abstentions.
	27 juin. Le PS et le PCF, dirigé par Georges Marchais, signent un « programme commun de gouvernement » qui prévoit des réformes sociales importantes et des nationalisations•. Le MRG (Mouvement des Radicaux de Gauche) se ralliera à cet accord le 4 octobre.
	5 juillet. En désaccord avec son Premier ministre, Georges Pompidou le renvoie alors qu'il a obtenu un vote de confiance du parlement. Jacques Chaban-Delmas est remplacé par Pierre Messmer qui se fait l'artisan d'une vigoureuse — mais controversée — politique d'industrialisation.
1973	4-11 mars. Aux élections législatives, « la majorité reste la majorité », mais elle s'amenuise. Si le PCF obtient 21,4 % des voix, le PS (20,7 % avec le MRG) apparaît comme le principal bénéficiaire de la dynamique unitaire.
1974	**Mort de Georges Pompidou** (2 avril). La maladie du Président a été tenue secrète mais la rapidité de son issue surprend même ceux qui savaient. Chaban ou Giscard ?... la droite se présente divisée au premier tour des élections présidentielles.

LE PREMIER CHOC PÉTROLIER, 17 octobre 1973

■ Le quadruplement du prix du pétrole

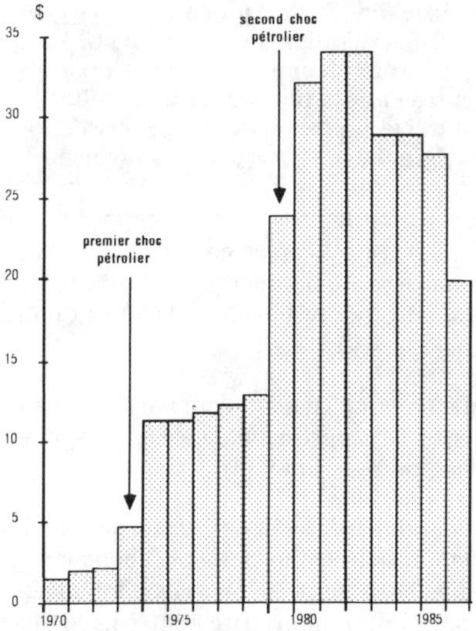

Évolution du prix du baril de pétrole (entre 1970 et 1985)
1 baril : 159 litres
1 tonne de brut : 7,3 barils

Le 16 octobre 1973, à Koweït, les pays producteurs du golfe arabo-persique décident de doubler le prix de leur pétrole brut. Le 17, pour obliger les Occidentaux à cesser leur appui à Israël alors en guerre contre l'Égypte et ses alliés (guerre du Kippour), les pays arabes exportateurs de pétrole déclenchent un « embargo sélectif ». Le 23 décembre, nouveau doublement des prix du pétrole : il valait 3 dollars le baril en octobre, il vaut 11 dollars en décembre. Le revenu des pétroliers passe de 5,5 milliards de dollars en 1969 à 72 milliards en 1974. Brusque transfert de richesse qui déséquilibre brutalement l'économie mondiale et française : il faut trouver 20 milliards de plus. La crise pétrolière mondiale frappe durement l'économie française en pleine expansion. Elle se double — à la suite de l'écroulement du dollar à 3,91 F, le 9 juillet, d'une hausse énorme des matières premières.

■ Le révélateur d'une crise plus profonde ?

Sans en être responsable, le premier choc pétrolier contribue à déclencher la crise économique mondiale. Le quadruplement du prix du pétrole compromet l'équilibre financier : le pays ne peut d'abord faire face à un prélèvement supplémentaire représentant 3 % de son PIB (Produit Intérieur Brut). Succédant à une expansion économique soutenue, la crise économique s'accélère à la suite du premier choc pétrolier. Elle aboutit au ralentissement de l'activité industrielle, au développement de l'inflation• (hausse des prix de 14 % en 1974) et à l'accroissement du chômage.

■ Le programme électronucléaire

Le quadruplement du prix du pétrole amène le gouvernement Pierre Messmer à accélérer l'ambitieux programme électronucléaire français lancé dès avant le premier choc pétrolier. Dans une interview à la télévision, le Premier ministre de Georges Pompidou annonce, le 6 mars 1974, le lancement de 13 centrales nucléaires de 1000 mégawatts chacune. La production pétrolière de la France est dérisoire (1 % de sa consommation !) ; pour acquérir une moindre dépendance énergétique, priorité est donnée à l'électricité d'origine nucléaire.
Au cours du septennat de Valéry Giscard d'Estaing, la part du nucléaire dans la production d'énergie primaire va sextupler.

☛ **Le premier choc pétrolier ne peut être tenu pour responsable d'une crise économique mondiale qui a commencé bien avant lui. Mais le quadruplement (1973) — puis le doublement (1979) — du prix du pétrole vont accélérer une crise latente et contribuer à son aggravation. Sans expliquer toutes les difficultés qu'aura à affronter la France, les deux chocs pétroliers vont largement dominer le septennat de Valéry Giscard d'Estaing.**

« Le changement sans le risque »

Le 19 mai 1974, V. Giscard d'Estaing est élu Président de la République. Sous son septennat, le paysage politique français hésite entre la bipolarisation (droite-gauche) et la quadripolarisation (RPR, UDF, PS, PCF). Au début Valéry Giscard d'Estaing lance des réformes (vote à 18 ans, libéralisation de l'avortement…) crée de nouveaux ministères : qualité de la vie, condition féminine… Mais la crise économique mondiale s'aggrave. La France entre dans la récession industrielle. Austérité ou relance ? Les gouvernements Chirac et Barre hésitent. La poussée spectaculaire du chômage et l'inflation• contribuent à la victoire de la gauche en 1981.

1974 VALÉRY GISCARD D'ESTAING	19 mai. Valéry Giscard d'Estaing est élu (50,8 %) grâce à l'appel en sa faveur de 43 UDR dont Jacques Chirac qui devient Premier ministre. Au premier tour, Mitterrand était le candidat unique de la gauche face à une droite divisée entre Jacques Chaban-Delmas (15,1 %) et Valéry Giscard d'Estaing (32,6 %). 28 juin. « **Le changement sans le risque** » annoncé se manifeste par des mesures comme l'abaissement à 18 ans de la majorité, la suppression de toute censure et la légalisation de l'interruption volontaire de grossesse (loi Veil). **Le plan de refroidissement** (juin). Premier ministre, Jacques Chirac, par un « plan de refroidissement » tente de juguler l'inflation en freinant l'activité économique par des restrictions de crédit. Puis il abandonne (septembre 1975) la rigueur budgétaire (30 milliards injectés dans l'économie) pour lutter en priorité contre le chômage, mais cela relance l'inflation.
1976	25 août. Jacques Chirac démissionne. Raymond Barre le remplace et revient à l'austérité (crédit encadré, dépenses publiques et salaires comprimés) sans toutefois briser l'inflation• ni le chômage qui s'aggrave.
1977	23 septembre. Au moment de la réactualisation du programme commun de gouvernement, la gauche se désunit. C'est la rupture de l'union de la gauche.
1978	12-19 mars. Grâce aux querelles qui divisent la gauche, la droite conserve la majorité : les deux fractions, RPR (Rassemblement pour la République) autour de Jacques Chirac et UDF (Union pour la démocratie française) qui fédère centristes et giscardiens, ont su taire leurs divergences pour l'emporter.
1979	**Les élections européennes** (10 juin). L'UDF arrive en tête aux premières élections au suffrage universel direct des députés du Parlement européen.
1980	**L'entrevue de Varsovie** (19 mai). Alors que l'Union soviétique vient d'envahir l'Afghanistan, Valéry Giscard d'Estaing rencontre Leonid Brejnev à Varsovie. Cette rencontre est mal perçue par l'opinion. D'autres aspects de la politique extérieure discréditent le chef de l'État : soutien, puis renversement de Bokassa Ier, empereur de Centrafrique…
1981	26 avril. Le premier tour des présidentielles confirme la bipolarisation de la vie politique : Jacques Chirac (18 %) et Georges Marchais (15,3 %) sont largement distancés par Valéry Giscard d'Estaing (28,3 %) et François Mitterrand (25,9 %).

UN SECRÉTARIAT D'ÉTAT POUR LES FEMMES, 16 juillet 1974

■ Quatre femmes ministres

En nommant quatre femmes dont une ministre à part entière, Simone Veil à la Santé, le Président Giscard d'Estaing, qui a fait campagne sous le signe du changement, marque sa volonté de promouvoir la femme dans la société française. Pour la journaliste Françoise Giroud, nommée secrétaire d'État à la condition féminine auprès du Premier ministre, la tâche est immense. Son action doit tendre vers l'égalisation progressive des conditions de travail, des salaires, des droits et responsabilités civiques et professionnelles.

■ Quelques avancées législatives

La difficile conquête de l'égalité hommes-femmes se traduit par quelques lois. En 1975, en juin, le Code civil reconnaît que désormais le lieu de domicile du couple est choisi « d'un commun accord ». En juillet, une loi institue le divorce par consentement mutuel. En 1980, la loi considère désormais le viol comme un crime.
Au plan professionnel, les salaires féminins demeurent cependant en moyenne inférieurs de 30 % aux salaires masculins.

■ Un enfant... si je veux... quand je veux

Le 26 novembre 1974, après trois jours et trois nuits de débats très vifs, Simone Veil, ministre de la Santé, fait adopter son projet autorisant le recours à « l'interruption volontaire de grossesse pour les femmes en situation de détresse ». Il obtient 284 voix pour et 189 voix contre. C'est grâce aux votes des députés de gauche que le projet passe : dans la majorité, seuls 99 députés sur 292 se prononcent en sa faveur. La loi permet aux femmes de subir une IVG en milieu hospitalier dans les dix premières semaines de la grossesse et met fin à la pratique, dans des conditions souvent effroyables, des avortements clandestins. Cette loi marque une victoire des femmes sur une société masculine qui leur interdisait la libre disposition de leur corps. Une première étape avait été franchie en 1967, quand le député gaulliste Lucien Neuwirth avait fait adopter une loi autorisant la contraception, la pilule. Il avait alors dû convaincre le général de Gaulle qui ne voulait pas « sacrifier la France à la bagatelle ».

☛ La création d'un secrétariat d'État à la condition féminine marque une volonté de changement. Cependant, sans nier de sensibles avancées, l'égalité entre les sexes est loin d'être atteinte. Et les femmes doivent sans cesse se mobiliser pour préserver leurs acquis et revendiquer une vraie parité.

Affiche du Mouvement français pour le planning familial, en octobre 1979

L'alternance socialiste

Le 10 mai 1981, pour la première fois, un socialiste, François Mitterrand, est élu président de la Ve République. L'alternance• commence. La première année est marquée par le vote de mesures sociales et libérales et par une politique de relance par la consommation. Les contraintes extérieures (la pression du dollar) obligent le gouvernement Mauroy à infléchir sa politique et à adopter un plan de rigueur. L'inflation• se ralentit mais la lutte contre le chômage échoue. Aussi les différentes consultations électorales sont-elles favorables à la droite qui remporte les législatives du 16 mars 1986. La première cohabitation• commence ; elle conduit aux présidentielles d'avril-mai 1988.

1981 FRANÇOIS MITTERRAND	« **L'état de grâce** » (10 mai). François Mitterrand est élu avec 51,76 % des voix contre le président sortant Valéry Giscard d'Estaing. Le 21 juin, les législatives accentuent le mouvement d'opinion : 270 socialistes sur 491 députés ! Pour la première fois depuis 1947, 4 ministres communistes entrent au gouvernement. Pierre Mauroy, Premier ministre, prend des mesures libérales : abolition de la peine de mort, suppression des juridictions d'exception, autorisation des radios privées locales,…
1982	Janvier-février. Seule de tous les pays industrialisés, la France tente une relance par la consommation : relèvement du SMIC et des prestations sociales, 39 heures de travail hebdomadaire, cinquième semaine de congés payés, retraite à 60 ans ; droits nouveaux des travailleurs dans l'entreprise (lois Auroux). Pierre Mauroy nationalise 9 groupes industriels, 36 banques et 2 compagnies financières. 27 mars. **La décentralisation**. Elle transfère aux collectivités locales, dirigées par les autorités élues, compétences et ressources en matière d'éducation, de formation et d'initiative économique. Juin. Après 2 dévaluations• du franc en huit mois, Pierre Mauroy est tenté par une politique dirigiste (blocage des prix et des salaires) et protectionniste (affaire des magnétoscopes japonais détournés sur Poitiers).
1983	22 mars. Les contraintes extérieures (la pression du dollar) obligent un 3e gouvernement Mauroy à adopter un plan de rigueur et de restructurations industrielles : la priorité est au rétablissement de la compétitivité.
1984	**Le gouvernement Fabius** (17 juillet). Alain Savary, ministre de l'Éducation nationale se sentant désavoué dans sa volonté de réformer le statut des écoles privées, démissionne… suivi par P. Mauroy. Laurent Fabius forme le nouveau gouvernement qui poursuit la rigueur. Le PC refuse d'y participer.
1985	10 juillet. Une loi décide qu'aux élections législatives de 1986, la proportionnelle départementale à un tour remplacera le scrutin majoritaire à deux tours.
1986	**La cohabitation•** (16 mars). Avec 2 sièges de majorité, la droite l'emporte sans l'appui de l'extrême droite. F. Mitterrand appelle J. Chirac qui forme le premier gouvernement de la cohabitation, prend le contre-pied des mesures socialistes : privatisations, autorisation de licenciement, suppression de l'impôt sur les grandes fortunes.
1988	24 avril. Pour la première fois dans l'histoire des institutions de la Ve, les présidentielles opposent au premier tour le Président sortant (34,09 %) à son Premier ministre sortant (19,94 %).

LA GAUCHE AU POUVOIR, 10 mai 1981

« Mitterrand président »

Le 10 mai 1981, à 20 heures, radio et télévision apprennent aux Français l'élection de François Mitterrand, premier Président socialiste de la Vᵉ République. Après vingt-trois ans de régime gaulliste ou giscardien, la France entre dans l'ère du « changement ». À la Bastille, plus de 200 000 personnes se retrouvent pour célébrer la victoire de la gauche ; même joie débordante dans la plupart des grandes villes de province.

Sortez les sortants !

Élu avec 51,76 % des suffrages exprimés, Mitterrand a su rassembler sur son nom les espoirs de toute la gauche et, au-delà, d'une bonne partie de l'opinion. Il est possible que le large recul enregistré au premier tour par Georges Marchais, candidat communiste, ait libéré une fraction de l'électorat de ses dernières craintes de voir le PCF accéder au pouvoir. Le succès de François Mitterrand doit aussi beaucoup à l'incapacité du gouvernement Barre à maîtriser l'inflation et la montée continue du chômage, à la rivalité entre Giscard d'Estaing et son ancien Premier ministre Chirac, à la dégradation de l'image publique d'un chef d'État atteint par diverses « affaires ». Plus, peut-être, que l'acceptation du programme du vainqueur, l'élection manifeste le rejet du Président sortant.

Le troisième tour des présidentielles

Après 10 jours d'interrègne, Mitterrand succède à Giscard d'Estaing le 21 mai. Ce jour-là, il remonte les Champs-Élysées sous les acclamations d'une nombreuse foule puis va s'incliner au Panthéon devant les tombes de Jean Jaurès, Jean Moulin et Victor Schœlcher. Le 22, le premier gouvernement Mauroy est constitué, l'Assemblée nationale est dissoute. Aux élections législatives des 14 et 21 juin – véritable troisième tour –, la France confirme son choix : avec 283 députés, le PS et les radicaux de gauche ont, à eux seuls, la majorité absolue. C'est « la vague rose » et, pour un temps, l'« état de grâce ». Les deux étapes du changement sont franchies.

☛ Dans un pays gouverné par la même majorité depuis 1958, le changement du 10 mai 1981 est vivement ressenti : avec amertume par la droite, avec enthousiasme par la gauche. L'alternance• sans heurt est une confirmation de la solidité des institutions de la Vᵉ République.

François Mitterrand, la rose au poing : emblème du parti socialiste depuis 1971

« Génération Mitterrand »

Le second septennat est marqué par un réel désenchantement même si le gouvernement Rocard s'attaque aux problèmes posés par la crise. La politique de « désinflation compétitive » menée continûment par M. Rocard, É. Cresson et P. Bérégovoy multiplie les « déçus du socialisme » et explique la sévère défaite électorale de mars 1993. Le second septennat s'achève par une seconde cohabitation• avec le RPR Édouard Balladur comme Premier ministre.

1988 FRANÇOIS MITTERRAND	8 mai. F. Mitterrand est largement réélu (54,01 %) contre J. Chirac. C'est un succès plus personnel que partisan car, après la dissolution de l'Assemblée, les législatives ne donnent qu'une majorité relative au PS. Premier ministre de l'ouverture vers les centristes et les techniciens de la « société civile », Michel Rocard instaure le revenu minimum d'insertion (RMI) et la contribution sociale généralisée (CSG).
1989	Février. Les premières affaires de « fausses factures » liées au financement occulte des partis politiques commencent à être évoquées dans la presse. Elles expliquent la montée de l'abstention aux différentes consultations électorales et un vote « protestataire » qui profite au Front National de Jean-Marie Le Pen.
1990	Opération Daguet. 9 août. Pour condamner l'invasion irakienne au Koweit, F. Mitterrand envoie le porte-avion Clemenceau dans le Golfe persique. Durant la Guerre du Golfe (1990-1991), le consensus se recrée autour du Président.
1992	Édith Cresson est, en France, la première femme Premier ministre du 15 mai 1991 au 2 avril 1992. Son successeur Pierre Bérégovoy maintient une inflation faible et une monnaie saine mais ne peut endiguer la montée du chômage. 20 septembre. **Traité de Maastricht**. F. Mitterrand poursuit résolument une politique de construction européenne. Il obtient à l'arraché la ratification, par référendum, du traité qui prévoit l'Euro et une citoyenneté européenne.
1993	**La gauche répudiée**. 21-28 mars. Le PS subit une déroute historique. J. Chirac se préservant pour les présidentielles, le RPR Édouard Balladur forme le gouvernement d'une seconde cohabitation• moins crispée. Il renoue avec une politique libérale : reprise des privatisations, réforme du régime des retraites du secteur privé, lois Pasqua sur la maîtrise de l'immigration, tentatives avortées de création d'un SMIC-jeunes et de révision de la loi Falloux (qui interdit aux collectivités locales de financer les investissements des écoles privées). F. Mitterrand se replie sur les « domaines réservés » mais se fait le gardien vigilant des « acquis sociaux ».
1995	23 avril. Pour la première fois dans l'histoire des institutions de la Ve, le premier tour des présidentielles oppose, à droite, deux candidats du même parti : le RPR É. Balladur (18,6 %) à son « ami de trente ans » J. Chirac (20,8 %). À gauche, Lionel Jospin (23,3 %) brigue la succession de F. Mitterrand non sans se réserver un « droit d'inventaire ».

FRANÇOIS MITTERRAND, 1916-1996

■ Onze fois ministre sous la IVe

Né le 26 octobre 1916 à Jarnac d'une famille bourgeoise conservatrice, il fait des études de droit et devient avocat. Prisonnier en 1940, il s'évade, travaille au Commissariat aux Prisonniers de Guerre à Vichy, s'engage en 1943 dans la Résistance.
Il est élu en 1946 député de la Nièvre, un mandat qu'à l'exception d'une législature (celle de 1958!) il conserve jusqu'en 1981.
Ministre dès 1947, il participe à onze gouvernements jusqu'en 1958. Dans celui de Mendès France, il est ministre de l'Intérieur quand éclate la guerre d'Algérie.

■ Le principal opposant à de Gaulle

En 1958, il prend position contre les projets de constitution du Général de Gaulle et la révision constitutionnelle de 1962 qui institue l'élection du président de la République au suffrage universel direct. Dénonçant, en 1964, le « Coup d'État permanent », il apparaît comme son principal adversaire politique. Aux présidentielles de 1965, il relève le défi. Candidat unique de la gauche, il met le Général en ballottage et recueille 45 % des suffrages au deuxième tour.

■ Le président de l'alternance•

Le 10 mai 1981, avec 51,76 % des voix, il entre à l'Élysée. Le secrétaire du nouveau parti socialiste a rassemblé sous son slogan « La Force Tranquille » les espoirs de toute la gauche et, au-delà, d'une bonne partie de l'opinion.
En se dotant d'une Assemblée majoritairement socialiste, il devient le président de l'alternance•.
La gauche au pouvoir engage une politique de relance par la consommation. Il étend et renforce les libertés locales par les lois de décentralisation, ouvre les ondes aux radios privées, veille à l'abolition de la peine de mort.

■ Le président des cohabitations•

À deux reprises, la victoire de l'opposition aux législatives l'oblige à cohabiter avec un gouvernement de droite.
De 1986 à 1988, le chef de l'État laisse agir le gouvernement Chirac tout en préservant ses prérogatives en matière de politique extérieure et de défense. Il se présente comme le garant des droits sociaux et accroît sa popularité aux dépens de son Premier ministre qu'il bat aux présidentielles de 1988.
Après la déroute historique du PS aux législatives de mars 1993, il termine son second mandat en cohabitant avec le RPR Édouard Balladur et en s'efforçant de faire progresser la construction européenne.
Les « années Mitterrand » s'achèvent le 7 mai 1995 dans un profond malaise accru par la maladie du chef de l'État. Il meurt le 8 janvier 1996.

☛ **Premier président de la Ve République élu deux fois de suite, François Mitterrand est le seul à terminer deux septennats. L'élection du président au suffrage universel direct a bénéficié à l'un de ceux qui l'avaient le plus vivement combattue.**

François Mitterrand, président de la République (1981-1995)

PRÉHISTOIRE
ANTIQUITÉ
MOYEN ÂGE
ANCIEN RÉGIME
RÉVOLUTION
XIXe SIÈCLE
XXe SIÈCLE
XXIe SIÈCLE

Le septennat de Jacques Chirac

Le 7 mai 1995, J. Chirac est élu Président de la République sur le thème de la lutte contre la « fracture sociale ». En nommant Premier ministre le RPR Alain Juppé, il tourne le dos à ses promesses électorales : le plan Juppé de réforme de la Sécurité sociale provoque les grandes grèves de décembre qui paralysent le pays. En avril 1997, soucieux d'enrayer la perte de popularité du gouvernement, J. Chirac appelle à des élections législatives anticipées remportées par la « Gauche plurielle » réunie autour de Lionel Jospin. Une troisième cohabitation• commence. Elle s'achève le 21 avril 2002 sur un « séisme » : l'élimination du candidat de gauche au premier tour des présidentielles.

1995 JACQUES CHIRAC	7 mai. Jacques Chirac, président du RPR, est élu cinquième président de la Ve République avec 52,6 % des voix, contre Lionel Jospin, candidat du PS. Nommé Premier ministre, le RPR Alain Juppé, par sa politique d'austérité et son plan de réforme de la Sécurité sociale, provoque manifestations et grèves dans les services publics (décembre).
1997	**La dissolution** (avril). Craignant que les élections de février 1998 soient désastreuses et pour donner un « nouvel élan » au gouvernement Juppé, J. Chirac dissout l'Assemblée et avance les législatives. La « Gauche plurielle » gagne les élections. Lionel Jospin, nommé Premier ministre, forme un gouvernement de coalition (communistes, socialistes, Mouvement des citoyens et Verts). Il propose de limiter la durée du travail à 35 heures pour réduire le chômage. La troisième cohabitation• commence.
1998	1er mai. Réunis à Bruxelles, les 15 membres de l'UE retiennent les 11 pays prêts à se lancer dans l'introduction de la monnaie unique, l'Euro, le 1er janvier 1999.
1999	2 novembre. Mis en cause dans l'affaire de la MNEF, Dominique Strauss Kahn démissionne. Avec une croissance beaucoup plus vive que prévu, un chômage en net recul, l'inflation la plus faible depuis quarante ans, des déficits publics en baisse, le ministre des Finances présentait un bilan très positif, né d'une politique économique plutôt libérale. Les avancées sociales [35 heures, emplois-jeunes, Pacte Civil de Solidarité (PACS), Couverture Maladie Universelle (CMU), parité hommes/femmes en politique] assurent à Lionel Jospin une popularité certaine dans les sondages.
2000	Août. La « Gauche plurielle » se divise. En désaccord sur le dossier corse, J.-P. Chevènement ministre de l'Intérieur démissionne ; le PC appelle à une politique plus « sociale » ; les Verts demandent l'arrêt du programme des centrales nucléaires. **Le quinquennat** (24 septembre). Par référendum, les Français approuvent la réduction du mandat présidentiel de 7 à 5 ans… mais l'abstention est forte : 70 % !
2002	**Le séisme du 21 avril**. Handicapé par la multiplication des candidatures à gauche (8 !), Lionel Jospin n'obtient que 16,2 % des suffrages. Arrivé troisième, il est éliminé. Jean-Marie Le Pen, candidat de l'extrême droite (16,9 %) va affronter J. Chirac qui, avec 19,9 %, réalise le plus mauvais score de tous les Présidents sortants. Ces résultats s'expliquent, en partie, par la montée du vote protestataire de Français qui ne se reconnaissent plus dans les partis gouvernementaux traditionnels.

LA MONNAIE UNIQUE, L'EURO, 1er janvier 1999

■ Une monnaie unique

Huit ans après la nuit de Maastricht, où les États membres de la Communauté européenne (qui n'étaient alors que douze) ont lancé l'Union européenne, le principal pilier de l'édifice est achevé, dans les délais impartis par le traité.

Le 1er janvier 1999, l'Euro dont la valeur est irrévocablement fixée à 6,555957 F est une réalité pour les onze pays de l'Euroland.

Le 1er mai 1998, réunis à Bruxelles, les 15 membres de l'UE avaient retenu les 11 pays capables de respecter cinq critères de convergence de fixation des parités entre monnaies nationales et monnaie unique.

■ Une nouvelle étape dans la construction européenne

Créée en 1957 par les traités de Rome, la Communauté économique européenne, véritable marché commun, vise à libérer tous les échanges dans l'Europe des Six… élargie sous G. Pompidou à l'Irlande, au Danemark et au Royaume-Uni par le référendum d'avril 1972.

En juin 1979, pour la première fois, l'élection des membres du Parlement européen a lieu au suffrage universel direct. On espère qu'ainsi élu, le Parlement constituera une force d'impulsion capable de surmonter les obstacles (agriculture, pêche, énergie…) à l'unification européenne.

Sous ses deux septennats, F. Mitterrand s'engage dans une consolidation de la construction de l'Europe.

En 1986,1'Acte Unique réalise un marché sans frontières intérieures et renforce la coopération économique entre les neuf… devenus douze.

En 1992, le traité de Maastricht, créé par l'Union européenne, prévoit l'Euro et une citoyenneté européenne.

En janvier 2002, dans une Union européenne à quinze, 304 millions d'Européens répartis dans douze pays partagent une monnaie commune, l'Euro. Les Britanniques, les Suédois et les Danois conservent leurs devises.

■ Janvier 2002, l'Euroland

Les francs français, belge et luxembourgeois, le florin néerlandais, la lire italienne, le deutschmark allemand, la livre irlandaise, l'escudo portugais, la peseta espagnole, le mark finlandais, le schilling autrichien et la drachme grecque disparaissent des portefeuilles après une période de double circulation des monnaies qui varie selon les États mais n'excède pas deux mois. L'élargissement à 25 de l'UE le 1er mai 2004 est historique. Toutefois l'accueil de 10 nouveaux pays (Estonie, Lettonie, Lituanie, Pologne, République tchèque, Slovaquie, Hongrie, Slovénie, Malte, Chypre) ne les fait pas entrer tout de suite dans la zone Euro limitée à 12 États.

☛ **La création de l'Euro est une étape de plus vers la supranationalité. Celle-ci impliquerait que les décisions prises par l'UE l'emporteraient sur celles des États, restés souverains, composant l'Union. Avec la création d'une monnaie unique, c'est le choix de l'intégration politique européenne qui l'emporte sur celui du libre-échange.**

La force symbolique de la monnaie. Les pièces ont une face commune à toute l'UE. Et une face nationale où chaque pays peut utiliser ses propres figures emblématiques. Pour la France : Marianne, la Semeuse, un arbre…

Le quinquennat de Jacques Chirac

Mis en ballottage par Jean-Marie Le Pen, candidat de l'extrême droite, Jacques Chirac est réélu le 5 mai 2002 grâce à la mobilisation de l'électorat – y compris de gauche ! – pour la défense des valeurs républicaines. L'UMP (Union pour la Majorité Présidentielle) obtient 369 députés lors des législatives de juin. Le Premier ministre Jean-Pierre Raffarin met en œuvre la politique du Président : allègement d'impôts et de charges sur les entreprises, réforme des retraites… La débâcle de la droite aux régionales de mars 2004 confirme aussi bien la « volatilité » de l'électorat que l'impopularité des gouvernements Raffarin.

2002 JACQUES CHIRAC	5 mai. Absente du second tour des présidentielles pour la première fois depuis 1969, la gauche appelle à voter Chirac. Le Président-sortant est réélu pour 5 ans avec 82,2 % des voix contre – pour la première fois – un candidat de l'extrême droite : Jean-Marie Le Pen, le Président du Front National.
	9-16 juin. Les législatives donnent une large majorité à l'Union pour la Majorité Présidentielle (UMP) confirmant le rejet par l'opinion de la cohabitation•. Le Premier ministre, Jean-Pierre Raffarin s'efforce de réaliser les promesses du candidat Chirac. Nicolas Sarkozy, à l'Intérieur, mène une politique active contre l'insécurité, thème majeur des présidentielles.
2003	30 janvier. **La France s'oppose aux États-Unis**. J. Chirac s'oppose à l'intervention des EU contre l'Irak de Saddam Hussein sans l'aval du Conseil de Sécurité de l'ONU quand huit États européens manifestent leur soutien aux EU de G. Bush. Moscou et Berlin soutiennent Paris. L'épisode traduit les difficultés de l'UE à faire exister une diplomatie commune. 20 août. **La réforme des retraites**. Disposant de tous les pouvoirs au niveau central (Président, gouvernement, Assemblée, Sénat) mais aussi dans les régions et les départements (majoritairement dirigés par la droite), J.-P. Raffarin défend le projet de loi sur la réforme des retraites en dépit d'une mobilisation (grèves, manifestations) sans précédent depuis décembre 1995. Cette réforme aligne le secteur public sur le secteur privé (réformé en 1993 sous É. Balladur).
2004	21-28 mars. **Raz-de-marée socialiste** aux cantonales et aux régionales. Le PS enlève 21 des 22 Conseils régionaux mais le FN confirme son maintien à un niveau élevé (16,5 % au premier tour). J. Chirac engage J.-P. Raffarin à former un 3e gouvernement. 13 juin. **Les élections européennes.** Avec près de 29 %, le PS réalise un score historique dans une UE des 15 élargie à 25 depuis le 1er mai (Estonie, Lettonie, Lituanie, Pologne, République tchèque, Hongrie, Slovaquie, Slovénie, Malte, Chypre).
2005	29 mai. **Le rejet de la constitution européenne.** À la suite de l'échec du référendum, Jacques Chirac nomme Dominique de Villepin Premier ministre. Octobre-novembre. **La crise des banlieues.** Des émeutes urbaines, qui se soldent par l'incendie de 9 071 voitures et l'interpellation de 2 921 fauteurs de troubles, interrogent le modèle français d'intégration et remettent au goût du jour la question des communautés et de la discrimination positive.

■ Avril 2002, l'élimination de la gauche aux présidentielles

Au soir du 21 avril 2002, les résultats du premier tour de l'élection présidentielle constituent un séisme dans la vie politique française. Lionel Jospin, candidat du Parti Socialiste n'obtient que 16,2 % des suffrages. Arrivé troisième derrière Jacques Chirac (19,9 %) et Jean-Marie Le Pen, candidat de l'extrême droite (16,9 %), il est éliminé.
Le scrutin révèle aussi un taux d'abstention record pour une élection présidentielle (28,4 %). Avec près d'un million de bulletins blancs et nuls et la montée de l'extrême gauche (10,5 %), les partis gouvernementaux traditionnels sont minoritaires dans le pays.
La présence de seize candidats, la défiance des Français envers une classe politique impuissante face au chômage et aux délocalisations expliquent la dispersion des voix.
Les conséquences du 21 avril sont cependant heureuses pour Jacques Chirac : le 5 mai, avec 82,2 % des suffrages, il devient le président le mieux élu de la Ve République.

■ Mars 2004, la débâcle de la droite aux régionales

Au terme d'une campagne dont le pouvoir n'a eu de cesse d'affirmer le caractère local, les électeurs infligent une sévère défaite à la droite parlementaire qui ne conserve dans le giron présidentiel, à l'issue du second tour, le 28 mars 2004, que la région Alsace.
Devant l'ampleur de la débâcle, un ministre, battu en région Pays de la Loire reconnaît que « la défaite extrêmement grave du gouvernement et de la majorité » représente « un 21 avril à l'envers ».
Par leur vote, les Français ont sanctionné un président de la République réfugié dans les affaires étrangères et le déficit d'explications des réformes engagées par un gouvernement disposant des pleins pouvoirs. Toutefois ce vote à gauche est moins une adhésion qu'une précaution devant la remise en cause d'avantages acquis et la précarisation.

■ Mai 2005, le rejet de la Constitution européenne

Le 29 mai 2005, alors que les principales forces politiques françaises, de la majorité comme de l'opposition, ont appelé à voter oui au référendum sur la ratification du Traité constitutionnel européen, les électeurs se prononcent sans ambiguïté : 54,87 % de non. Dans un contexte de forte participation (près de 70 %), le non l'emporte dans 18 régions sur 22 et dans 84 départements sur 100.
Le rejet des électeurs français traduit leur défiance à l'égard des élites politiques, mais aussi leur désir de sanctionner une Europe perçue comme incapable de mener une politique sociale et de protéger leurs emplois.
Le non français, suivi en juin du non néerlandais, entraîne, au niveau européen, la suspension du processus d'adoption de la constitution.

☛ Après avoir triomphalement réélu Jacques Chirac et lui avoir donné une écrasante majorité de députés de droite, les Français utilisent les scrutins intermédiaires pour afficher leur mécontentement et sanctionner un Président qui avait, en 1995, promis de réduire la fracture sociale.

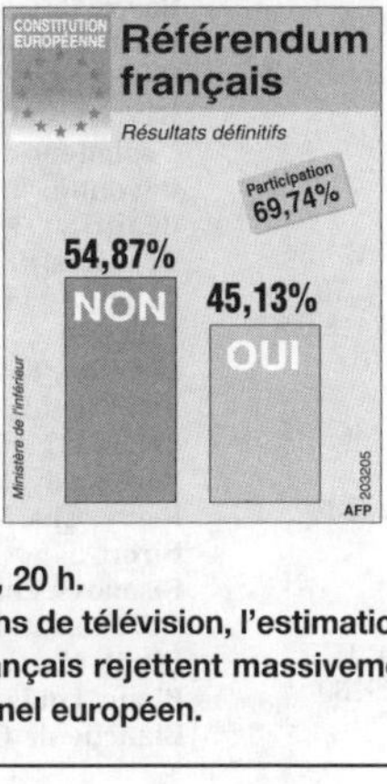

29 mai 2005, 20 h.
Sur les écrans de télévision, l'estimation des résultats : les Français rejettent massivement le Traité constitutionnel européen.

INDEX DES NOMS CITÉS

Q

R

S

T

U

V

W

Z

LEXIQUE

abbé laïc : dans les domaines qu'il contrôle, Hugues Capet administre une abbaye dont il retire des bénéfices : il est abbé ; mais il n'a pas prononcé de vœux ecclésiastiques, il ne fait pas partie du clergé : il est laïc.

acclamer : saluer par des cris de joie. Les États généraux, réunis à la demande du roi, peuvent lui présenter de très « humbles supplications » mais, dans les faits, ils ne peuvent qu'approuver par « acclamation » ses décisions.

aide : impôt indirect, taxe sur les boissons.

Albigeois : de la ville d'Albi. Nom donné aux adeptes de l'hérésie cathare• du XIe au XIIIe siècle.

alternance : arrivée au pouvoir d'un Président de la République ou d'une majorité parlementaire représentant une orientation politique différente de celle qui a précédé.

arabesque : ornement (à la manière arabe) formé de lettres, de lignes, de feuillages entrelacés.

Arioviste : chef germain de la tribu des Suèves qui s'installa en Alsace contre les Eduens• en – 72. Jules César appelé par ces derniers, battit Arioviste qui s'enfuit et repassa le Rhin en – 58.

aristocrate, aristocratie : d'un mot grec qui signifie les meilleurs. Gouvernement dirigé par les nobles ou par un groupe social peu nombreux.

art pariétal : art qui consiste à couvrir de fresques les parois d'une caverne.

Arvernes : peuple de la Gaule, le plus puissant avec les Eduens•, établi en Auvergne. Ils unifièrent presque toute la Gaule sous leur domination et le commandement de leur chef, Vercingétorix.

autodafé : cérémonie au cours de laquelle on détruit par le feu des ouvrages interdits, des hérétiques qui soutiennent une doctrine condamnée par la religion établie.

bailli : représentant du roi qui a autorité, en matière administrative et judiciaire, sur l'étendue d'une circonscription territoriale : le baillage.

banqueroute : faillite, impossibilité pour une banque, pour un État, de régler ses dettes et de continuer ses paiements.

Barbares : est barbare tout peuple qui est étranger à la civilisation grecque ou romaine, plus tard au christianisme.

beylicat : région soumise à l'autorité d'un bey, gouverneur ou souverain vassal du sultan ottoman.

biens nationaux : biens (terres, forêts, bâtiments…) appartenant au clergé et aux émigrés et mis à la disposition de la nation, c'est-à-dire confisqués par l'État et mis en vente.

blasphémateur : personne qui, par ses paroles, ses actes, insulte, outrage une religion, une divinité.

bourgeois : à l'origine, habitant d'un bourg ou d'une ville possédant certains privilèges (par une charte•). Par la suite, personne possédant une certaine fortune.

bouvier : personnage qui garde et qui conduit les bœufs.

Capet : surnom donné à Hugues Capet, fondateur de la troisième dynastie des rois de France en 987, en raison de la chape (le manteau) de saint Martin dans l'abbaye qu'il administrait. Ce nom roturier est attribué à Louis XVI et à sa famille sous la Révolution.

capitation : impôt par tête, taxe levée sur l'individu.

carnet B : à la veille de la guerre de 1914, le ministre de l'Intérieur avait préparé, sur rapport des préfets, une liste de militants ouvriers suspects de vouloir saboter la mobilisation générale par la grève. C'était là le fameux « carnet B ».

caste : groupe d'hommes qui se distinguent par leur activité, leur manière de vivre, leurs avantages, et qui n'acceptent pas de nouveaux venus.

Cathare : ou Albigeois•. Membre d'une secte répandue aux XIe-XIIIe siècles dans le midi de la France (Albi, Toulouse, Carcassonne). Elle oppose le Bien, domaine de l'Esprit, et le Mal, domaine du monde matériel. Elle préconise une foi dépouillée et austère. L'Église condamne ce qu'elle considère comme une fausse opinion religieuse, une hérésie contraire à la doctrine catholique.

cens électoral : montant minimum d'impôts directs au-dessous duquel un citoyen n'avait pas le droit de vote.

censitaire (régime ou suffrage) : système dans lequel le droit de vote est réservé aux citoyens qui paient le cens• (ou l'impôt direct).

chambre ardente : tribunal réservé aux hérétiques promis au bûcher.

chancelier : premier officier du roi, il dirige la justice, la police, l'administration et garde les sceaux.

charte : au Moyen Âge, contrat par lequel un seigneur concède des droits ou libertés à une ville dépendante de sa seigneurie.
Au XIXe siècle, lois constitutionnelles d'un État, établies par concession du souverain et non par les représentants du peuple.

chevalier : à l'origine seigneur féodal possédant un cheval équipé pour la guerre. Par la suite, noble faisant partie de l'ordre de la chevalerie, redresseur de torts à travers le monde.

chroniqueur : historien attaché à rétablir la succession chronologique des événements historiques survenus au cours d'une période. Certains chroniqueurs se consacrent au règne d'un unique souverain.

cohabitation : coexistence à la tête de l'exécutif d'un Président de la République et d'un Premier ministre d'orientation politique différente.

commanderie : terre contrôlée par l'ordre des Templiers. En fait, un domaine agricole ainsi appelé puisque les Templiers sont des moines soldats.

commune : ville libre, ville franche qui s'est affranchie du réseau féodal, le plus souvent en achetant au seigneur sa liberté. Ses habitants, liés par le serment communal, administrent en commun la ville.

concile : assemblée nationale ou mondiale des évêques, pour fixer la doctrine ou les règles de la discipline au sein de l'Église.

connétable : chef de l'armée royale jusqu'au XVIIe siècle.

conscription : recrutement militaire des jeunes gens « inscrits ensemble » selon leur âge.

constitution : ensemble de lois fondamentales qui fixent la répartition et le fonctionnement des pouvoirs exécutif•, législatif• et judiciaire. Une constitution énumère également les principes sur lesquels reposent l'État et la société.

corporation : organisation regroupant les personnes (apprentis, compagnons, maîtres) exerçant la même profession selon des règlements précis et contraignants.

corvée : travail obligatoire et gratuit dû par les villages au roi, pour la construction des routes par exemple. Travail dû par les paysans à leur seigneur trois à quatre jours par an.

cour d'Appel : juridiction chargée de juger les appels contre une décision rendue par un premier tribunal.

Croquants : terme méprisant qui signifie homme de rien. Paysan révolté.

cultuelles : associations de fidèles chargées par la loi de Séparation de l'Église et de l'État du 9 décembre 1905 de récupérer les biens des paroisses après inventaire.

déflation : politique de lutte contre l'inflation consistant à restreindre la demande pour modifier l'évolution des prix.

dixième : impôt extraordinaire levé entre 1710 et 1749 sur les revenus de la terre et de l'industrie.

dragonnade : procédé de conversion forcée. Les dragons, des soldats, logeaient chez les protestants et s'y comportaient ave brutalité.

droit canon : droit ecclésiastique, lois particulières à l'Église.

droit coutumier : ensemble des lois particulières à un peuple transmises de générations en générations.

éclat rocheux : fragment de roche détaché d'un bloc et façonné de manière à produire un outil de pierre.

édit : loi nouvelle établie par les rois, les empereurs.

Eduens : peuple de la Gaule, le plus puissant avec les Arvernes•, établi entre la Loire et la Saône dans une partie du Nivernais et de la Bourgogne.

Egaux : partisans de Gracchus Babeuf dont les théories communistes visaient à établir la société des « Egaux » qui posséderaient collectivement le sol.

émir : titre donné aux chefs et aux princes du monde musulman.

États généraux : assemblée des représentants des trois ordres• ou états du royaume : clergé, noblesse et Tiers État. Convoqués par le roi encas de difficultés exceptionnelles, les premiers États généraux se réunissent en 1302, les derniers en 1789.

excommunication : acte qui consiste, dans l'Église catholique, à retrancher le coupable de la communauté des fidèles, en le privant des sacrements et des prières publiques.

exécutif (pouvoir) : il est chargé de faire appliquer les lois dans un pays. Le pouvoir exécutif est aux mains du gouvernement. Dans une démocratie le pouvoir exécutif est contrôlé par le pouvoir législatif• qui peut éventuellement le renverser.

fellah : paysan égyptien ou d'autres pays arabes (Algérie).

francisque : hache de guerre, parfois à double tranchant, des Francs.

gabelle : impôt royal sur le sel plus ou moins élevé selon les provinces.

Germains : nom donné par les Romains à l'ensemble des peuples barbares• établis au-delà du limes•.

Girondins : groupe de députés de la Convention dont les principaux représentants viennent du département de la Gironde. Députés modérés liés à la riche bourgeoisie, ils dominent la Convention dans ses débuts.

gréco-scythique : le diadème de Vix porte les marques de l'influence grecque et de l'influence scythique. Les Scythes, peuple d'origine iranienne, vivaient en nomades dans les steppes• au nord de la mer Noire.

Guyenne : au Moyen Âge le mot Guyenne désignait les possessions françaises du roi d'Angleterre : le Limousin, le Quercy, le Périgord, l'Agenais et la Gascogne.

Guerre Froide : désigne la confrontation soviéto-américaine qui a suivi la dissolution, après 1945, de la coalition antihitlérienne. Les belligérants cherchent à marquer le maximum de points en employant toutes les ressources de l'intimidation, de la propagande, de la subversion, voire de la guerre locale, mais en étant bien déterminés à éviter de se trouver impliqués dans des opérations armées les mettant directement aux prises.

Guesdiste : socialiste proche de Jules Guesde (1845-1922). Jules Guesde, député de Roubaix, fonda le parti ouvrier français et contribua à faire connaître en France le marxisme.

Hébertistes : partisans d'Hébert, rédacteur du journal « Le Père Dûchesne » fondé en 1790, qui était le porte-parole des révolutionnaires extrémistes.

Helvètes : peuple celte établi au Ier siècle av. J.-C. dans la majeure partie de l'actuelle Suisse occidentale. Pour fuir les Suèves d'Arioviste•, ils émigrèrent vers la Gaule mais César les vainquit en –58 et les contraignit à retourner dans leur pays d'origine.

hospitaliers : membres de certains ordres religieux qui donnaient l'hospitalité, l'accueil aux pèlerins et aux voyageurs.

inflation : elle intervient dans un pays lorsque la demande (achats de produits) est supérieure à l'offre (la production). Dans ce cas, les prix montent et la monnaie perd de sa valeur.

intendant : à partir du règne de Louis XIV l'administration des différentes parties du royaume est confiée à des intendants nommés par le roi. Ils sont chargés de surveiller les tribunaux, de répartir l'impôt, de maintenir l'ordre et de développer l'agriculture, l'industrie et le commerce.

Internationale : terme désignant des regroupements successifs de partis ouvriers. La Ire internationale, fondée en 1864, à l'initiative de Marx est dissoute en 1876. La IIe internationale, fondée en 1889, se scinde après 1917 : elle continue à regrouper les partis socialistes dont la SFIO. La IIIe internationale, fondée par Lénine en 1919, a regroupé les partis communistes (dont la SFIC) jusqu'à sa dissolution en 1943.

inquisiteur : juge du tribunal ecclésiastique de l'Inquisition qui mène des enquêtes sur les hérétiques qui soutiennent une doctrine condamnée par la religion catholique.

Jacobin : nom donné à des révolutionnaires ardents et intransigeants qui se réunissaient, à Paris, dans l'ancien couvent des Jacobins. Ils dominèrent la Convention de l'été 1793 à l'été 1794, et étaient partisans de la Terreur et de la concentration du pouvoir entre les mains de quelques hommes.

janséniste : partisan du jansénisme, doctrine du néerlandais Jansen qui insiste sur la prédestination ; Dieu a choisi dès la naissance ceux qui seront sauvés, quelle que soit leur manière de vivre.

laïcisation : littéralement, laïc s'oppose à clerc. La laïcisation désigne donc le mouvement qui tend à supprimer toute influence des églises sur les institutions, notamment l'école.

légions romaines : l'armée romaine, très disciplinée, était organisée en légions elles-mêmes divisées en cohortes, manipules et centuries.

législatif (pouvoir) : il est chargé d'établir est des voter les lois. Dans une démocratie, il appartient aux assemblées de représentants élus par la nation. Le pouvoir législatif peut éventuellement renverser le pouvoir exécutif• ; c'est le principe de la responsabilité• gouvernementale devant les assemblées.

légitimité : état de ce qui est légitime, légal, juste, bien-fondé.

légimiste : partisan pour la succession au trône de France de la branche issue directement des Bourbons (Charles X et sa lignée).

libelliste : auteur de libelles, de courts écrits satiriques, de pamphlets•.

limes : frontière fortifiée de l'empire romain.

Lingons : peuple de la Gaule établi en Champagne et dont la capitale était Andematunum (Langres).

loggia : petite loge, enfoncement formant un balcon couvert.

loi salique : loi des Francs Saliens, riverains de la rivière Sala (l'Yssel). Après le XIVe siècle, cette expression désigne plus précisément la loi qui exclut les femmes du droit de succession au trône de France.

Lug : dieu celte des arts et des techniques.

manufactures : premières entreprises industrielles où l'on travaillait encore à la main.

maximum : pour stopper une effroyable hausse des prix, la Convention avait fixé, sous la pression des sans-culottes, le 29 septembre 1793, un maximum pour les prix de vente des denrées de première nécessité.

Maure : terme relatif aux Berbères habitant le Sahara occidental.

monarchie de droit divin : dans une monarchie, le pays est gouverné par un roi, par un monarque. Elle est de droit divin quand le roi est « l'élu » de Dieu et ne rend de comptes à personne.

Montagnards : groupe de députés de la Convention ainsi appelés parce qu'ils siégeaient sur les bancs en haut de l'Assemblée. Ces députés s'appuyaient sur le mouvement populaire des sans-culottes•.

motion de censure : dans la Constitution de la Ve République, texte proposé par 10 % au moins des députés et exprimant la méfiance de l'Assemblée nationale à l'égard du gouvernement.

À Strasbourg, texte exprimant la méfiance du Parlement européen à l'égard de la Commission. Le vote, peut contraindre la Commission à démissionner.

nationalisation : confiscation par l'État (avec ou sans indemnisation) d'une entreprise à ses propriétaires pour la confier à une direction qui la fera fonctionner dans l'intérêt de la nation tout entière.

opportuniste : républicain modéré, soucieux de ne réaliser le programme républicain que par étapes, en tenant compte des possibilités de « l'opportunité ».

Ordres : la société française d'Ancien Régime est composée de trois ordres : le clergé et la noblesse, ordres privilégiés qui ne payent pas d'impôts ; et le Tiers État qui regroupe l'immense majorité des français restants.

orléaniste : partisan par la succession au trône de France de la branche d'Orléans (Louis-Philippe et sa lignée).

OTAN : sigle de Organisation du Traité de l'Atlantique Nord, fondée en 1949 entres les États-Unis et les pays d'Europe occidentale et impliquant assistance militaire en cas d'agression.

pamphlet : court écrit satirique qui attaque avec violence la religion, les institutions, le gouvernement, un personnage connu.

papiste : partisan du pape. Dans les langages des guerres de religion, c'est un catholique soumis à l'autorité du pape.

parlementaire (régime) : dans un régime parlementaire, le pouvoir législatif• appartient au parlement, c'est-à-dire à une ou plusieurs assemblées dont les membres sont élus par les citoyens. Le gouvernements chargé du pouvoir exécutif• ne peut gouverner sans l'accord du parlement.

pays d'Oc : au Moyen Âge, ensemble des pays situés approximativement au sud de la Loire et où le mot oui se disait « oc ».

perspective tordue : technique de peinture qui consiste à représenter de face les cornes et les pattes des bisons et des bœufs sur un corps dessiné de profil.

pinacles : petite pyramide ornée de fleurons au sommet d'un édifice.

planification : elle consiste à fixer la quantité et la qualité des biens que les entreprises doivent produire au cours d'une période donnée. Il faut pour cela en prévoir les moyens.

plébiscite : lors d'un plébiscite le peuple est appelé à se prononcer par oui ou par non en faveur ou contre celui qui détient le pouvoir.

Poilus : surnom donné aux soldats français pendant la Première Guerre mondiale.

prédicateur : ecclésiastique qui prêche, qui fait des sermons.

principautés autonomes : petits États indépendants qui s'administrent eux-mêmes.

propulseur : sorte de baguette munie à son extrémité d'un crochet sur lequel vient s'appuyer le bout d'une sagaie ou d'un harpon. Prolongeant le bras lors du lancer, le propulseur amplifie le mouvement, donne une vitesse plus grande à l'objet lancé et double sa portée utile.

la question : les accusés sont systématiquement torturés dans l'espoir de leur arracher des aveux.

Radicaux : membre d'une tendance caractéristique de la gauche française en partie regroupés dans le parti radical et radical-socialiste fondé en 1901. Anticléricalisme, réformiste mais attachement au libéralisme caractérisent des hommes politiques soutenus, le plus souvent, par les paysans du sud de la Loire et la petite bourgeoisie provinciale. Un rôle décisif avant 1914, mais aussi de 1919 à 1939, soit à la tête du gouvernement, soit comme partie prenante de coalitions diverses.

Ramadan : mois pendant lequel les musulmans ne doivent prendre aucune nourriture entre le lever et le coucher du soleil.

référendum : question posée par un gouvernement aux citoyens, ceux-ci ne pouvant répondre que par oui ou par non.

réformé : protestant, partisan de la Réforme. On dit aussi huguenot.

régence : période pendant laquelle, à cause de la minorité du roi, un proche parent, souvent la mère, exerce la réalité du pouvoir.

relaps : hérétique qui revient sur ses aveux.

responsabilité : obligation pour les ministres de quitter le pouvoir lorsque les députés leur retirent leur confiance.

Romagnol : habitant de la Romagne, ancienne province d'Italie, sur l'Adriatique et qui, en 1860, fait partie de l'État pontifical.

rouelle : signe distinctif en forme de roue imposé aux juifs.

Saint-Sépulcre : nom donné aux diverses constructions élevées à Jérusalem sur le tombeau du Christ.

sans-culottes : nom donné aux républicains les plus ardents sous la Révolution française. On le appelait ainsi parce que, hommes du peuple, ils portaient le pantalon alors que la culotte (qui s'arrêtait aux genoux) paraissait aristocratique•.

savetier : cordonnier, raccommodeur de souliers, de savates. Dans la bouche des émigrés, cette expression ironique désigne les jeunes volontaires, mal équipés et inexpérimentés de l'armée de la République.

schismatique : est schismatique celui qui ne reconnaît pas l'autorité du pape.

senatus-consulte : décret adopté par le Sénat sous le Ier et le IIe empires.

sénéchaux : équivalent dans le Midi des baillis•.

Sénons : peuple celte de Gaule établi dans la région de Sens (Yonne). Une population celte de même origine s'était introduite vers – 400 en Italie et occupait alors les bords de l'Adriatique.

steppe : grande plaine inculte sans arbre à la végétation pauvre et herbeuse.

subvention territoriale : impôt sur la terre payable par tous les propriétaires quel que soit leur ordre•.

taille : impôt que le roi décide de prélever chaque année sur ses sujets. Le clergé en est exempté, les nobles ne la paient pas sauf dans le Midi.

temple de Salomon : nom d'un roi d'Israël (– 972, – 932) resté célèbre par son jugement. Deux femmes se prétendent la mère d'un enfant ; il ordonne de le partager en deux ; la vraie mère est celle qui préfère y renoncer.

tumulus : tertre recouvrant une sépulture, formé par l'entassement de terre mêlée de pierres.

ultra : personne qui pousse à l'extrême une opinion politique.

universel (suffrage) : système électoral qui donne le droit de vote à tous les habitants adultes du pays.

Va-nu-pieds : misérable qui vit en vagabond. Paysan révolté.

vaudois : du nom de Pierre Valdo. Membre d'une secte hérétique de confession chrétienne apparue en France au XIIe siècle. Cette secte écarte tout ce qui n'est pas énoncé en termes précis dans la Bible.

vénalité des offices : le fait que les fonctions de justice et de finances soient alors achetées.

Vénètes : le plus puissant peuple maritime de la Gaule établi en Bretagne dans la région de Vannes. Il fut écrasé par César en – 56.

Vikings : chefs militaires et pirates scandinaves qui, aux IXe-Xe siècles, font des incursions nombreuses sur les côtes ou le long des fleuves d'Europe. On les appelle aussi les Normands.

Crédit photo

Jean-Loup Charmet
11 (1859) ; **13** (1860-70) ; **25** (1879) ; **27** (1870-80) ; **37** (illustration de Bombled, vers 1900) ; **43** (1491) ; **45** haut (XVIIe) ; **45** bas (XVI-XVIIe) ; **50** ; **51** ; **69** (Carnavalet) ; **75** ; **79** (1848) ; **81** (gravure de 1880) ; **83** (*L'Illustration*, 1862) ; **85** (dessin d'époque) ; **87** (caricature de Meine) ; **89** (Carnavalet) ; **91** (dessin de Caran d'Ache, 1900) ; **93** (*Le Petit Journal*, 1903) ; **95** (affiche d'Abel Faivre, bibl. Forney) ; **103** (Carnavalet).

CIRIP
127 (photo d'Alain Gesgon).

Roger-Viollet
7 (reconstitution de É. Righetti) ; **9** (Kermario) ; **23** (XIXe) ; **31** (dessin de Philippoteaux) ; **33** (Guillaume de Barres à la poursuite de l'empereur Othon) ; **35** (chronique de Saint-Denis, bibl. Ste-Geneviève) ; **47** (entrée en 1870) ; **49** (dessin Philippoteaux, gravure Guardet) ; **57** (peinture de Ph. de Champaigne) ; **63** (lithographie XIXe) ; **67** (B.N.) ; **71** (B.N.) ; **77** (B.N.).

Edimedia
65 (B.N.) ; **101** (Paoli, J. Blanc, Mme Saboul).

Keystone
99 ; **105** ; **107** ; **109** (micro de la B.B.C.) ; **113** ; **117** ; **123**.

Collection particulière
55 (dessin de Maurice Leloir in *Richelieu*, Combat édit. 1901).

Dagli Orti
39 (manuscrit vénitien du XIVe) ; **59** (Le Louvre).

Réunion des musées nationaux
73 (Le Louvre).

AFP 121.

Documentation française
131 (Gisèle Freund)

Top
129 (photo G.-Y. Marineau)

Gamma
135 (photo Christian Vioujard)

Avec l'aimable autorisation du ministère de l'Économie, des Finances et de l'Industrie
131 (Euro).

Photo de couverture
Hg et hd : Ph. Coll © Archives Larbor ; mg et m : Ph. H. Josse © Archives Larbor ; md : © Archives Larbor ; bg : Ph. US Army © Archives Larbor ; bd : © BDIC.

Maquette de couverture : Favre-Lhaïk / T. Méléard
Maquette : Klutt Mouchet
Iconographie : B. de Beaupuis
et M.-A. Bourcier de Saint-Chaffray
Cartographie : Stéphane Sinclair
N° éditeur : 10131817 – Compo 2000
Imprimé en France par EMD S.A.S – 53110 Lassay-les-Châteaux – N° 15300 – Dépôt légal : mai 2006